KB273047

쓰면서 익히는

한자능력

검정시험

4급 Ⅱ

편집부 편저

정진출판사

일러두기

한자능력검정시험은 국가공인을 받은 이후, 대학입시 수시모집 및 특별전형과 경제 5단체는 물론 삼성·현대 등 대기업에서 신입사원 선발시 한자시험을 도입함에 따라 응시자 수가 해마다 급증하고 있다. 또한 최근 중국이 경제 대국으로 부상함에 다라 한자에 대한 관심도 그 어느때보다 높아지고 있어 어렸을 때부터 한자를 배우려는 사람들이 날로 증가하고 있다.

이 책은 초등학생부터 중학생·고등학생·대학생·주부·직장인 등 한자 급수 취득을 위해 시험을 준비하는 **수험생들의 학습부담을 최소화**하기 위해 다음과 같이 구성하였다.

■컴퓨터로 분석한 출제빈도 높은 활용어 정리

그동안 출제되었던 용례들을 컴퓨터로 철저히 분석하여 가장 빈도수 높은 활용어를 중복 없이 풀이와 함께 수록하였다.

■한눈에 들어오는 짜임새 있는 편집 체재

각 한자에 대한 음훈 부수·총획수·약자·필순·활용어 등을 한눈에 알아볼 수 있도록 짜임새 있게 정리하였다.

■그림을 통한 시각적인 학습 효과

자칫 지르해지기 쉬운 한자 학습을 돕기 위해 재미있는 그림을 최대한 삽입하여 학습 효과를 극대화하였다.

■최신 기출 및 예상문제 5회분 수록

가장 최근에 출제되었던 문제들을 철저히 분석하여 시험에 완벽하게 대비할 수 있도록 출제 예상 가능한 문제를 5회분 수록하였다.

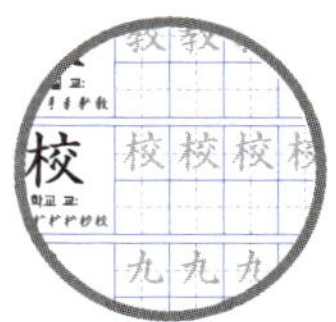

■한자를 쓰면서 익힐 수 있도록 연습란 구성

한자를 익히기 위한 가장 좋은 방법은 무조건 많이 보고 그 다음 많이 써 보는 것이다. 단순히 보고 암기하는 식의 학습을 탈피하여 쓰면서 익힐 수 있도록 연습란을 구성하였다.

목 차

한자능력검정시험 안내

한자능력검정시험이란?

사단법인 한국어문회가 주관하고 한국한자능력검정회에서 시행하는 제도로서, 학생과 일반인들의 진학과 취업에 대비하여 평생학습의 하나로 익힌 한자능력을 객관적으로 평가, 인정받을 수 있는 길을 마련하여, 공공기관이나 기업체의 채용시험, 인사고과, 대입 수시모집 또는 각종 자격시험 등에 활용할 수 있게 하는 시험이다.

한자능력검정시험 안내

● **주관** : 사단법인 韓國語文會(서울특별시 서초구 서초1동 1627-1 교대벤처 타워 501호, ☎ 02-6003-1400, 팩스 02-6003-1441)

● **시행** : 韓國漢字能力檢定會

● **시험일정** : 연 3회

　　○교육급수는 4급~8급, 공인급수는 1급~3급II.

● **응시 자격**

　　○1급~8급 → 전 급수 응시 제한 없음. 각자 능력에 맞게 급수를 선택하여 응시.

● **접수 방법**

　　○**인터넷 접수(www.hangum.re.kr)** → 사전에 인터넷 접수 회원으로 신규 지원 등록한 후, 인터넷 접수 기간 중 지원 급수와 고사장을 선택하고, 신용카드 및 계좌이체 방식으로 결제하고 수험표를 출력함.

　　○**접수처 방문 접수** → 준비물 : 반명함판 사진 3매(3×4cm), 한자 성명, 주민등록번호, 전화번호, 우편번호, 정확한 급수증 수령 주소(잘못 기재 시

급수증이 반송됨), 응시료(현금).

ㅇ우편 접수(1급 지원자만 가능) → 접수처 방문 접수 준비물, 검정료 우편환 영수증을 동봉하고, 희망 1급 고사장을 명기하여 등기우편으로 발송.

● **시험 준비물** : 신분증(중·고생은 학생증 지참, 초등학생·미취학아동은 건강보험증 또는 주민등록등본 지참), 수험표, 검정색 필기구(볼펜 또는 플러스펜)※연필과 빨간색 펜은 절대 사용 못함.

● **시험응시료**

구 분	1급	2급, 3급, 3급Ⅱ	4급, 4급Ⅱ, 5급, 6급	6급Ⅱ, 7급, 8급
응시료	35,000	15,000	11,000	10,000
인터넷 접수 응시료	36,500	16,000	12,000	11,000

☞ 창구 접수 응시료는 원서 접수일부터 마감시까지 해당 접수처 창구에서 받음. 인터넷 접수 응시료는 기본 응시료에 1급은 1,500원, 2급~8급은 1,000원의 접수 수수료가 추가됨.

● **급수배정**

급수	수준 및 특성	
8급	읽기 50자, 쓰기 없음	미취학생 또는 초등학생의 학습동기 부여를 위한 급수
7급	읽기 150자, 쓰기 없음	한자 공부를 처음 시작하는 분을 위한 초급단계
6급Ⅱ	읽기 300자, 쓰기 50자	한자 쓰기를 시작하는 첫 급수
6급	읽기 300자, 쓰기 150자	기초 한자 쓰기를 시작하는 급수
5급	읽기 500자, 쓰기 300자	학습용 한자쓰기를 시작하는 급수
4급Ⅱ	읽기 750자, 쓰기 400자	5급과 4급의 격차를 해소하기 위한 급수
4급	읽기 1,000자, 쓰기 500자	초급에서 중급으로 올라가는 급수
3급Ⅱ	읽기 1,500자, 쓰기 750자	4급과 3급의 격차를 해소하기 위한 급수
3급	읽기 1,817자, 쓰기 1,000자	신문 또는 일반 교양서를 읽을 수 있는 수준
2급	읽기 2,355자, 쓰기 1,817자	일상 한자어를 구사할 수 있는 수준
1급	읽기 3,500자, 쓰기 2,005자	국한 혼용 고전을 불편없이 읽고, 공부할 수 있는 수준

☞상위급수 한자는 하위급수 한자를 모두 포함.

구 분	1급	2급	3급	3급 II	4급	4급 II	5급	6급	6급 II	7급	8급
출제문항수	200	150	150	150	100	100	100	90	80	70	50
합격문항수	160	105	105	105	70	70	70	63	56	49	35

☞ 1급은 출제 문항수의 80% 이상, 2급~8급은 70% 이상 득점하면 합격.

● 시험시간

구 분	1급	2급	3급	3급 II	4급	4급 II	5급	6급	6급 II	7급	8급
시험시간	90분	60분					50분				

● 출제유형

쓰기 배정한자는 한두 급수 아래의 읽기 배정한자이거나 그 범위 내에 있다. 아래의 출제유형표는 기본 지침자료로서, 출제자의 의도에 따라 차이가 있을 수 있다.

구 분	1급	2급	3급	3급 II	4급	4급 II	5급	6급	6급 II	7급	8급
읽기배정한자	3,500	2,355	1,817	1,500	1,000	750	500	300	300	150	50
쓰기배정한자	2,005	1,817	1,000	750	500	400	300	150	50	0	0
독 음	50	45	45	45	30	35	35	33	32	32	24
훈 음	32	27	27	27	22	22	23	22	29	30	24
장단음	10	5	5	5	5	0	0	0	0	0	0
반의어	10	10	10	10	3	3	3	3	2	2	0
완성형	15	10	10	10	5	5	4	3	2	2	0
부 수	10	5	5	5	3	3	0	0	0	0	0
유의어	10	5	5	5	3	3	3	2	0	0	0
동음이의어	10	5	5	5	3	3	3	2	0	0	0
뜻풀이	10	5	5	5	3	3	3	2	2	2	0
필 순	0	0	0	0	0	0	3	3	3	2	2
약 자	3	3	3	3	3	3	3	0	0	0	0
한자쓰기	40	30	30	30	20	20	20	20	10	0	0
출제문항(계)	200	150	150	150	100	100	100	90	80	70	50

독 음 (讀音)	▶다음 漢字語의 讀音을 쓰시오. 　• 韓國(　　　) [한자의 소리를 묻는 문제. 독음은 두음법칙, 속음 현상, 장단음과도 관련이 있다.]
훈 음 (訓音)	▶다음 漢字의 訓과 音을 쓰시오. 　• 韓(　　　) [한자의 뜻과 소리를 동시에 묻는 문제. 특히 대표 훈음을 익히도록 한다.]
장단음 (長短音)	▶다음 漢字語 중 첫소리가 長音인 것을 골라 그 기호를 쓰시오. ▶위 글의 밑줄 친 漢字語 중에서 첫소리가 長音인 것을 골라 그 번호를 쓰시오. [한자 단어의 첫소리 발음이 길고 짧음을 구분하고 있는가를 묻는 문제. 4급 이상에서만 출제된다.]
반의어 (反義語)	▶다음 漢字와 뜻이 反對 또는 相對되는 漢字를 써넣어 漢字語를 만드시오. 　• 內(　) ▶다음 漢字語의 反義語 또는 相對語를 漢字로 쓰시오. 　• 原因(　　　) [어떤 글자(단어)와 반대 또는 상대되는 글자(단어)를 알고 있는가를 묻는 문제.]
완성형 (完成型)	▶다음 빈칸에 漢字를 써넣어 成語를 完成하시오. 　• 事必(　)正 [고사성어나 단어의 빈칸을 채우도록 하여 단어와 성어의 이해력 및 조어력을 묻는 문제.]
부 수 (部首)	▶다음 漢字의 部首를 쓰시오. 　• 韓(　　　) [한자의 부수를 묻는 문제. 부수는 한자의 뜻을 짐작할 수 있는 중요한 부분이다.]
유의어 (類義語)	▶다음 漢字와 뜻이 비슷한 글자를 漢字로 적어 單語를 完成하시오. 　• 音(　)

	▶다음 漢字語의 類義語를 漢字로 쓰시오. • 年歲(　　　) [어떤 글자(단어)와 뜻이 같거나 유사한 글자(단어)를 알고 있는가를 묻는 문제.]
동음이의어 (同音異義語)	▶다음 漢字語의 同音異義語를 하나씩만 漢字로 쓰시오. • 空中 — (　　　) [소리는 같고, 뜻은 다른 단어를 알고 있는가를 묻는 문제.]
뜻풀이	▶다음 漢字語의 뜻을 쓰시오. • 內外 — (　　　　　　) [고사성어나 단어의 뜻을 제대로 알고 있는가를 묻는 문제.]
필 순 (筆順)	▶父자의 삐침(丿)은 몇 번째에 쓰는지 번호로 답하시오. ▶右자의 쓰는 순서가 올바른 것을 고르시오. ▶右자에서 ㉠획의 쓰는 순서를 아래에서 골라 번호를 쓰세요. • 右㉠ [글자를 바르게 쓰도록 하기 위해 쓰는 순서를 알고 있는가를 묻는 문제.]
약 자 (略字)	▶다음 漢字의 略字를 쓰시오. • 國(　　　) [한자의 획을 줄여서 만든 약자를 알고 있는가를 묻는 문제.]
한자쓰기	▶다음 訓과 音을 지닌 漢字를 쓰시오. • 나라 한(　) ▶다음 뜻에 알맞은 漢字語를 漢字로 쓰시오. • 가정 : 한 가족이 살림하고 있는 집.(　　　) ▶밑줄 친 漢字語를 漢字로 쓰시오. • 한국은 아름다운 나라이다.(　　　) [제시된 뜻, 소리, 단어 등어 해당하는 한자를 쓸 수 있는가를 확인 하는 문제.]

☞ 위 출제 예시는 상황에 따라 약간 변동될 수도 있음. 2004년도부터 5급, 6급, 7급, 8급 시험에 필순 문제가 추가되고 3급 이상의 배정한자가 일부 조정되었음.

● 우대사항

　○자격기본법 제27조에 의거 **국가자격 취득자와 동등한 대우 및 혜택**
　○교육인적자원부 훈령 제616호『학생생활기록부 전산처리 및 관리지침』에
　　의거 **학교생활기록부에 등재, 입시에 활용**
　○육군간부 **승진 고과에 반영**(부사관 5급, 위관장교 4급, 영관장교 3급 이
　　상)
　○경제5단체, **신입사원 채용 때 전국한자능력검정시험 응시 권고(3급 응
　　시 요건, 3급 이상 가산점)**
　○2005학년도 대학수학능력시험부터 **'漢文'이 선택과목**으로 채택
　○전국한자능력검정시험의 한자능력급수 취득 시 **대입 면접 가산점, 학점,
　　졸업인증에 반영**

● 합격자 발표

ARS 060-800-1100 / www.hangum.re.kr

● 기타 문의

한국한자능력검정회

　☎ 02)1566-1400(代), 팩스 02)6003-1414

인터넷 http://www.hanja.re.kr

주소 : (137-879) 서울특별시 서초구 서초1동 1627-1 교대벤처타워 401호

쓰면서 익히는
한자능력검정시험

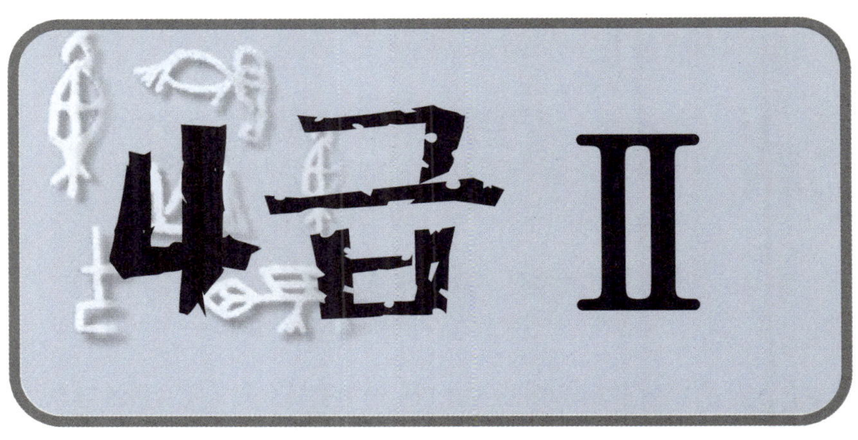

街

거리 **가(ː)**
行 〈총12획〉

[街路가로] 도시의 넓은 길. 가도(街道).

[商街상가] 상점이 많이 늘어서 있는 거리. ¶지하 **상가**

[街道가도] 도시의 큰 도로.

[市街시가] 도시의 큰 거리, 또는 번화한 거리. ¶**시가** 행진

[街路樹가로수] 큰길의 양쪽 가에 줄지어 심은 나무.

假

거짓 **가ː**
人 〈총11획〉
仮

[假定가정] 임시로 정함. 논리를 진행시키기 위하여, 어떤 조건을 임시로 설정하는 일.

[眞假진가] 진짜와 가짜. 참과 거짓.

[假面가면] 사람이나 짐승의 얼굴 모양을 본떠 만든 것.

[假橋가교] 임시로 놓은 다리.

減

덜 **감ː**
水 〈총12획〉

[減員감원] 일정한 조직에 딸린 인원을 줄임. ↔ 증원(增員)

[增減증감] 늚과 줆. 늘림과 줄임. ¶인구의 **증감**

[加減가감] 더하거나 뺌. 보태거나 덞.

[減量감량] 분량이나 중량을 줄임. ¶체중 **감량**

[減産감산] 생산량이 줆, 또는 생산량을 줄임. ↔ 증산 (增産)

監

볼 **감**
皿 〈총14획〉
監

[監督감독] 일이나 사람 따위가 잘못되지 않도록 살피어 단속함.

[監査감사] 감독하고 검사함. ¶국정 **감사**

[監察감찰] 감시하고 감독함. ¶산하 기관을 **감찰**하다

[令監영감] 지체가 높거나 나이가 많은 사람을 높여 일컫는 말.

[監視감시] 단속하기 위하여 주의 깊게 살핌. ¶**감시**를 받다

康

편안 **강**
广 〈총11획〉

[康健강건] 윗사람의 기력이 실하고 튼튼함. ¶자네 아버님은 **강건**하신가?

[健康건강] 정신적으로나 육체적으로 아무 탈이 없고 튼튼함. ¶**건강** 상태

[康樂강락] 몸이 편안하여 마음이 즐거움. 안락(安樂).

街	街 街 街 街 街 街 街
거리 가(:) 彳 彳 彳 徉 徉 街 街	

假	假 假 假 假 假 假 假
거짓 가: 亻 仴 仴 作 俨 假 假	

減	減 減 減 減 減 減 減
덜 감: 氵 氵 沪 沥 減 減 減	

監	監 監 監 監 監 監 監
볼 감 ⺆ ⺈ 彐 彐 臣 朢 監	

康	康 康 康 康 康 康 康
편안 강 亠 广 户 户 庚 康 康	

사자성어

- **家家戶戶** [가가호호] 집집마다.
- **角者無齒** [각자무치] 뿔이 있는 자는 이가 없음. 모든 것을 다 갖출 수는 없다는 말.
- **江湖煙波** [강호연파] 강이나 호수 위에 안개처럼 보얗게 이는 기운, 또는 그 수면의 잔물결. 자연의 풍경.
- **格物致知** [격물치지] 사물을 잘 관찰하여 그 이치를 알게 됨.
- **見金如石** [견금여석] 금(금전) 보기를 돌같이 함.

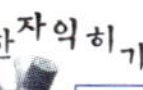

講

강론할 강:
言 〈총17획〉

[講究강구] 알맞은 방법이나 방책을 연구함. ¶대책을 **강구**하다

[講壇강단] 강의·연설 때 올라서도록 약간 높게 만든 자리.

[講堂강당] 강연이나 강의, 의식 따위를 할 때에 쓰는 건물.

[講讀강독] 글을 읽고 그 뜻을 밝힘. ¶원서 **강독**

[休講휴강] 계속되는 강의를 한때 쉼. ¶**휴강**을 신청하다

個

낱 개(:)
人 〈총10획〉

[個體개체] 따로따로 떨어진 낱낱의 물체.

[個性的개성적] 개성이 두드러진 것. ¶**개성적** 표현

[個別개별] 여럿 중에서 하나씩 따로 나뉘어 있는 상태.

[個人개인] 국가나 사회, 단체 등을 구성하는 낱낱의 사람.

[個人技개인기] 개인 기술, 특히 운동 경기에서의 개인의 기량.

檢

검사할 검:
木 〈총17획〉

檢

[檢問검문] 검사하고 심문함. ¶불심 **검문**

[檢事검사] 검찰권을 행사하는 사법관. ¶담당 **검사**

[檢擧검거] 범죄의 용의자를 잡아 감. ¶범인을 **검거**하다

[檢査검사] 사실이나 일의 상태 또는 물질의 구성 성분 따위를
조사하여 옳고 그름과 낮고 못함을 판단하는 일.

缺

이지러질 결
缶 〈총10획〉

欠

[缺席결석] 출석하지 않음. ↔ 출석(出席)

[缺員결원] 정원에서 사람이 빠져 모자람.

[缺如결여] 마땅히 있어야 할 것이 모자라거나 빠져서 없음.
¶정신력의 **결여**

[缺格결격] 필요한 자격이 모자라거나 빠져 있음. ¶**결격** 사유

潔

깨끗할 결
水 〈총15획〉

[淸潔청결] 지저분한 것을 없애어 맑고 깨끗함. ¶**청결**한 복장

[潔白결백] 행동이나 마음 따위가 조촐하고 깨끗하여 허물이 없
음. ¶**결백**을 증명하다

[不潔불결] 깨끗하지 않음. 더러움. ↔ 청결(淸潔)

[純潔순결] 순수하고 깨끗함. ¶**순결**한 사랑

講	講 講 講 講 講 講 講

강론할 강:
冫 訁 訁 訐 講 講 講

個	個 個 個 個 個 個

낱 개(:)
亻 亻 们 們 個 個 個

檢	檢 檢 檢 檢 檢 檢 檢

검사할 검:
十 オ 朴 松 检 檢 檢

缺	缺 缺 缺 缺 缺 缺 缺

이지러질 결
レ ᄂ 乍 缶 缸 缺 缺

潔	潔 潔 潔 潔 潔 潔 潔

깨끗할 결
氵 汁 決 湡 潔 潔

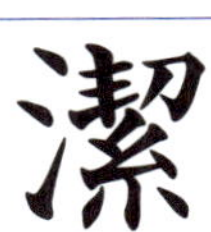

- 見利思義 [견리사의] 이로움을 보면 의리게 합당한가를 생각하라는 뜻.
- 見物生心 [견물생심] 물건을 보면 욕심이 생김.
- 結草報恩 [결초보은] 풀을 묶어 은혜를 갚음. 죽어서까지라도 은혜를 잊지 않음. ㊤ 刻骨難忘(각골난망), 白骨難忘(백골난망)
- 經國濟世 [경국제세] 나라를 잘 다스려 도탄에 빠진 백성을 구제함.
- 古今東西 [고금동서] 동양이나 서양에 있거서의 예나 지금이나. 곧 어디서나, 언제나의 뜻.

慶
경사 **경:**
心 〈총15획〉

[慶祝경축] 경사로운 일을 축하함. ¶**경축** 행사

[慶事경사] 매우 즐겁고 기쁜 일. ¶**경사**가 나다

[國慶日국경일] 국가적인 경사를 축하하기 위하여, 법으로 정하여 온 국민이 기념하는 날.

經
지날/글 **경**
糸 〈총13획〉
経

[經過경과] 시간이 지나감. ¶시일이 **경과**하다

[經歷경력] 겪어 지내 온 여러 가지 일. ¶다양한 **경력**

[經路경로] 지나는 길. ¶침투 **경로**

[經典경전] 성현이 지은, 또는 성현의 말이나 행실을 적은 책.

[經濟경제] 인간 생활에 필요한 재화를 획득·이용하는 활동.

境
지경 **경**
土 〈총14획〉

[逆境역경] 일이 뜻대로 되지 않는 불운한 처지. ¶**역경**을 헤쳐 나가다

[境界경계] 지역이 갈라지는 한계. ¶이웃 나라와의 **경계**

[國境국경] 나라와 나라 사이의 경계. ¶**국경**을 넘다

[境界線경계선] 경계가 되는 선. 경계를 나타내는 선.

警
경계할 **경:**
言 〈총20획〉

[警察경찰] 경계하여 살핌. '경찰관'의 준말.

[警告경고] 조심하라고 알림, 또는 그 말. ¶**경고**를 받다

[警備경비] 만일에 대비하여 경계하고 지킴. ¶**경비** 초소

[警護경호] 위험한 일이 일어나지 않도록 미리 조심하고 보호함. ¶대통령 **경호**

係
맬 **계:**
人 〈총9획〉

[關係관계] 사람과 사람, 사람과 사물, 사물과 사물 등 둘 이상이 서로 걸리는 일. ¶**관계**를 맺다

[係員계원] 계 단위의 부서에서 일을 하는 사람. ¶구청의 여권 담당 **계원**

[係長계장] 계 단위의 부서의 책임자.

 한자쓰기

慶 경사 경: 一 广 户 严 慶 慶 慶	慶 慶 慶 慶 慶 慶 慶
經 지날/글 경 幺 系 系 糸 經 經 經	經 經 經 經 經 經 經
境 지경 경 十 士 圹 圹 培 培 境	境 境 境 境 境 境 境
警 경계할 경: 一 廿 芍 芍 荶 敬 警	警 警 警 警 警 警 警
係 맬 계: 亻 乍 係 任 任 係 係	係 係 係 係 係 係 係

사자성어

- **空理空論** [공리공론] 실천이 없는 쓸데없는 이론.
- **公明正大** [공명정대] 마음이 공평하고 조금도 사사로움이 없이 바름.
- **空前絶後** [공전절후] 비교할 만한 것이 전에도 없었고, 앞으로도 있을 수 없음. ㈜ 前無後無(전무후무)
- **公衆道德** [공중도덕] 공중의 공통적인 복리를 위하여 일반 사람들이 지켜야 할 사회적, 윤리적인 도덕.
- **敎外別傳** [교외별전] 마음에서 마음으로 뜻을 전해 줌. ㈜ 以心傳心(이심전심)

故

연고 고(:)
攵 〈총9획〉

[故意고의] 일부러 하는 생각이나 태도. ¶**고의**가 아니다

[事故사고] 뜻밖에 일어난 사건이나 탈. ¶자동차 **사고**

[故國고국] '자기 나라'를 이르는 말. 본국(本國).

[故鄕고향] 태어나서 자란 곳. ¶**고향** 산천

[故事고사] 유래가 있는 옛날의 일. ¶**고사** 성어

官

벼슬 관
宀 〈총8획〉

[長官장관] 국무를 맡아보는 행정 각부의 책임자. ¶교통부 **장관**

[官職관직] 국가로부터 위임받은 일정한 범위의 직무.

[高官고관] 높은 지위에 있는 관리.

[民官민관] 민간과 관공을 아울러 이르는 말. ¶**민관** 합동

[士官사관] 병사를 거느리는 무관. '장교'를 통틀어 이르는 말.

究

연구할 구
穴 〈총7획〉

[研究연구] 사물을 깊이 생각하거나 자세히 조사하거나 하여 어떤 이치나 사실을 밝혀냄, 또는 그 내용. ¶**연구** 실적

[究明구명] 사리나 원인 따위를 깊이 연구하여 밝힘.

句

글귀 구
口 〈총5획〉

[句節구절] 한 토막의 말이나 글. ¶시의 한 **구절**

[詩句시구] 시의 구절. ¶**시구**를 외다

[絶句절구] 기·승·전·결의 네 구로 된 한시의 한 가지. ¶오언 **절구**

[文句문구] 글의 구절. ¶**문구**가 뛰어나다

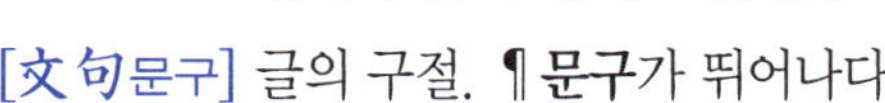

求

구할 구
水 〈총7획〉

[求職구직] 일자리를 구함. ¶**구직** 광고

[求道구도] 진리나 종교적인 깨달음의 경지를 구함. ¶**구도**를 위한 고난의 수련 과정

[求人구인] 필요한 사람을 구함. ¶**구인** 광고

[求愛구애] 이성에게 사랑을 구함. ¶**구애**를 받아들이다

故	故	故	故	故	故	故	故
연고 고(:)							
一 十 古 古 古 故 故							

官	官	官	官	官	官	官	官
벼슬 관							
丶 宀 宀 宁 宁 官 官							

究	究	究	究	究	究	究	究
연구할 구							
丶 宀 宀 宵 究 究 究							

句	句	句	句	句	句	句	句
글귀 구							
丿 勹 勹 句 句							

求	求	求	求	求	求	求	求
구할 구							
一 十 寸 寸 求 求 求							

사자성어

- **交友以信** [교우이신] 벗을 사귐에 믿음으로써 함.
- **敎學相長** [교학상장] 가르치고 배우며 서로 성장함.
- **九牛一毛** [구우일모] 소 아홉 마리에 털 하나. 많은 것 가운데에서 극히 적은 것을 이르는 말. ㊒ 滄海一粟(창해일속)
- **權不十年** [권불십년] 권세는 십년을 넘지 못함. 권세는 오래 가지 못함을 이르는 말. ㊒ 花無十日紅(화무십일홍)
- **今時初聞** [금시초문] 이제야 비로소 처음으로 들음.

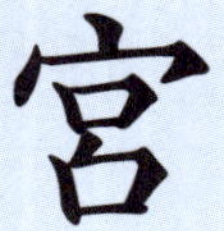

宮
집 궁
宀 〈총10획〉

[古宮고궁] 옛 궁궐. ¶**고궁** 관람
[王宮왕궁] 임금이 기거하는 궁전.
[景福宮경복궁] 서울특별시 종로구 세종로에 있는 조선 시대의 궁전.

權 权
권세 권
木 〈총22획〉

[權勢권세] 권력과 세력. ¶**권세**를 부리다
[權利권리] 무슨 일을 자기 마음대로 할 수 있는 자격.
[復權복권] 유죄나 파산 선고로 상실했던 권리나 자격을 되찾음.
[主權주권] 국가의 의사를 최종적으로 결정하는 권력.
[權限권한] 어떤 사람이나 기관의 권리나 권력이 미치는 범위.

極
극진할 극
木 〈총13획〉

[極端극단] 극도에 이르러 더 나아갈 수 없는 상태.
[極度극도] 더할 수 없는 정도. ¶**극도**에 달하다
[極樂극락] 더없이 안락하고 아무 걱정이 없는 경우와 처지.
[極貧극빈] 몹시 가난함. ¶**극빈** 생활
[太極旗태극기] 우리나라의 국기.

禁
금할 금:
示 〈총13획〉

[禁煙금연] 담배 피우는 것을 금함. ¶**금연** 지역
[出禁출금] 밖으로 나가는 것을 금함. ¶**출금** 조치
[一禁일금] 모조리 금지함.
[禁止금지] 말리어 못하게 함. ¶출입 **금지**
[監禁감금] 가두어서 신체의 자유를 속박함. ¶불법 **감금**

起
일어날 기
走 〈총10획〉

[起動기동] 몸을 일으켜 움직임. ¶**기동**이 불편하다
[起立기립] 일어섬. ¶**기립** 박수
[起因기인] 무슨 일을 일으키는 원인이 됨, 또는 그 원인.
[想起상기] 지난 일을 생각해 냄. ¶어린 시절을 **상기**하다
[起案기안] 초를 잡음. 안을 세움. ¶**기안**을 올리다

宮	宮	宮	宮	宮	宮	宮

집 궁
丶宀宁宫宫宮宮

權	權	權	權	權	權	權

권세 권
木 杧 柙 榨 榳 權 權

極	極	極	極	極	極	極

극진할 극
木 朾 朾 柯 柯 極 極

禁	禁	禁	禁	禁	禁	禁

금할 금:
一 十 木 林 梦 梦 禁

起	起	起	起	起	起	起

일어날 기
土 丰 丰 走 走 起 起

사자성어

- 起死回生 [기사회생] 거의 죽을 뻔하다가 다시 살아남.
- 落木寒月 [낙목한월] 낙엽이 지는 추운 계절.
- 落花流水 [낙화유수] 떨어지는 꽃에 정이 있으면 흐르는 물 또한 정이 있음. 남녀에게 서로 생각하는 정이 있다는 말.
- 難攻不落 [난공불락] 공격하기 어려워 쉽기 함락되지 않음.
- 難兄難弟 [난형난제] 누가 형이고 누가 동생이라고 말할 수 없을 정도로 실력이 엇비슷함. ㊦伯仲之間(백중지간)

器 그릇 기
口 〈총16획〉

[容器용기] 물건을 담는 그릇. ¶용기에 음식을 담다

[器具기구] 세간·도구·기계 따위를 통틀어 이르는 말.

[樂器악기] 음악을 연주하는 데 쓰이는 기구를 통틀어 이르는 말.

[祭器제기] 제사 때 쓰는 그릇.

暖 따뜻할 난:
日 〈총13획〉

[溫暖온난] 날씨가 따뜻함. ¶온난 기후

[暖流난류] 열대 또는 아열대에서 고위도 지방을 향하여 흐르는 따뜻한 해류. ¶난류가 흐르다 ↔ 한류(寒流)

[寒暖한란] 추움과 따뜻함을 아울러 이르는 말.

難 어려울 난(:)
隹 〈총19획〉

[難民난민] 전쟁이나 재난을 피하여 떠돌아다니며 고생하는 사람. 피난민. ¶전쟁 난민

[難解난해] 해결하기 어려움. ¶난해한 문제

[論難논란] 여럿이 서로 다른 주장을 내며 다툼.

[災難재난] 뜻밖의 불행한 일. ¶재난을 당하다

努 힘쓸 노
力 〈총7획〉

[努力노력] 어떤 일을 이루기 위해서 힘을 다하여 애씀, 또는 그 힘. ¶끊임없이 노력하다

怒 성낼 노:
心 〈총9획〉

[怒氣노기] 노여운 기색. 성난 얼굴빛. ¶노기 띤 얼굴

[大怒대로] 크게 화를 냄.

| 器 | 器 | 器 | 器 | 器 | 器 | 器 | 器 |

그릇 기

口 吅 吅 哭 哭 器器

| 暖 | 暖 | 暖 | 暖 | 暖 | 暖 | 暖 | 暖 |

따뜻할 난:

日 日′ 日″ 昈 晘 暖 暖

| 難 | 難 | 難 | 難 | 難 | 難 | 難 | 難 |

어려울 난(:)

艹 莒 莒 菓 難 難 難

| 努 | 努 | 努 | 努 | 努 | 努 | 努 | 努 |

힘쓸 노

ㄴ 女 女 奴 奴 努努

| 怒 | 怒 | 怒 | 怒 | 怒 | 怒 | 怒 | 怒 |

성낼 노:

ㄴ 女 女 奴 奴 怒怒

사자성어

- **怒發大發** [노발대발] 몹시 노하여 펄펄 뛰며 성을 냄.
- **論功行賞** [논공행상] 공로의 크고 작음을 평가해 각각 알맞은 상을 내림.
- **能小能大** [능소능대] 모든 일에 두루 능함.
- **多多益善** [다다익선] 많으면 많을수록 더욱 좋음.
- **多事多難** [다사다난] 하는 일도 많고 어려움도 많음.
- **大書特筆** [대서특필] 뚜렷이 드러나게 큰 글자로 씀. 어떤 사실을 아주 큰 비중을 두어서 서술함.

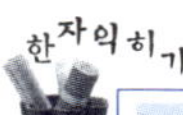

單 홀 단
口 〈총12획〉
單

[單獨단독] 혼자. ¶**단독**으로 모든 일을 처리하다

[單式단식] 단순한 형식이나 방식.

[單價단가] 낱개의 값. ¶**단가**를 매기다

[單語단어] 분리하여 자립적으로 쓸 수 있는 말. 낱말.

[單位단위] 수량을 헤아리는 데 그 기초가 되는 분량의 표준.

端 끝 단
立 〈총14획〉

[端正단정] 모습이나 몸가짐이 흐트러진 데 없이 얌전하고 깔끔함. ¶몸가짐이 **단정**하다

[端宗단종] 조선 제6대 왕.

[一端일단] 사물의 한 부분. ¶사건의 **일단**

[末端말단] 조직에서 제일 아랫자리에 해당하는 부분.

檀 박달나무 단
木 〈총17획〉

[檀國단국] 단군이 개국하였다는 나라 이름. 배달나라.

[檀國大學校단국대학교] 서울특별시 용산구 한남동에 있는 사립 종합대학.

斷 끊을 단:
斤 〈총18획〉
断

[切斷절단] 끊어 냄. 잘라 냄. 단절(斷切). ¶쇠붙이를 **절단**하다

[斷念단념] 품었던 생각을 끊어 버림.

[斷電단전] 전기의 공급이 중단되거나 공급을 중단함.

[斷定단정] 딱 잘라서 판단하고 결정함. ¶**단정**을 내리다

[不斷부단] 끊임이 없음. ¶**부단**한 노력

達 통달할 달
辶 〈총13획〉

[傳達전달] 상대에게 무엇을 전하여 이르게 함. ¶**전달**할 물건

[到達도달] 정한 곳이나 어떤 수준에 이르러 다다름. 도착(到着). ¶목적지에 **도달**하다

[發達발달] 신체·정서·지능 따위가 성장하거나 성숙함. ¶신체의 **발달**

單 홑 단 ㅣ ㅁ [illegible]os ㅁㅁ ㅁㅁ 몁 單	單	單	單	單	單	單	單
端 끝 단 ㄱ ㅎ ㅎㅣ ㅛ써 ㅛ써 端 端	端	端	端	端	端	端	端
檀 박달나무 단 木 杧 朾 檀 檀 檀 檀	檀	檀	檀	檀	檀	檀	檀
斷 끊을 단: ㅣ ㅛㅛ 幺幺 醬 斷 斷 斷	斷	斷	斷	斷	斷	斷	斷
達 통달할 달 ㅗ 土 查 查 幸 達 達	達	達	達	達	達	達	達

사자성어

- **大義名分** [대의명분] 사람으로서 지켜야 할 도리와 본분. 정당한 명분.
- **獨不將軍** [독불장군] 남의 의견을 묵살하고 저 혼자 모든 일을 처리하는 사람.
- **讀書亡羊** [독서망양] 마음이 다른 데 쏠려 옳은 길을 잃음을 이르는 말.
- **讀書三到** [독서삼도] 독서할 때에 세 가지 필요한 것. 곧 心到(심도), 眼到(안도), 口到(구도).
- **同苦同樂** [동고동락] 괴로움이나 즐거움을 함께 함.
- **同性同本** [동성동본] 성도 같고 본관도 같음.

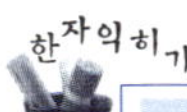

擔 멜 담 手 〈총16획〉 担

[擔當담당] 어떤 일을 맡음. ¶**담당** 직원

[擔保담보] 맡아서 보증함. ¶채무를 **담보**하다

[擔任담임] 어떤 학급이나 학년 따위를 책임지고 맡아봄.

[加擔가담] 한편이 되어 일을 함께 하거나 도움. ¶공격 **가담**

[分擔분담] 일이나 부담 따위를 나누어서 맡음. ¶업무 **분담**

黨 무리 당 黑 〈총20획〉 党

[政黨정당] 정치적인 주의나 주장이 같은 사람들이 정권을 잡고 정치적 이상을 실현하기 위하여 조직한 단체.

[野黨야당] 정권을 담당하고 있지 아니한 정당. ↔ 여당(與黨)

[共和黨공화당] 한국 제3,4공화국 때의 집권 여당.

[黨權당권] 당의 주도권. ¶**당권** 투쟁

帶 띠 대(:) 巾 〈총11획〉

[地帶지대] 자연적 또는 인위적으로 한정된 일정한 구역. ¶공업 **지대**

[連帶연대] 두 사람 이상이 함께 무슨 일을 하거나 함께 책임을 지는 일. ¶**연대** 파업

隊 무리 대 阜 〈총12획〉

[軍隊군대] 일정한 규율과 질서 아래 조직 편제된 군인의 집단.

[隊列대열] 질서 있게 늘어선 행렬. ¶**대열**에서 이탈하다

[部隊부대] 군대의 일부를 이루는 한 단위의 군인 집단. ¶이라크 파병 **부대**

[隊員대원] 부대나 집단을 이루고 있는 사람. ¶행동 **대원**

導 인도할 도: 寸 〈총16획〉

[引導인도] 가르쳐 일깨움. 길을 안내함. ¶바른길로 **인도**하다

[導入도입] 기술·방법·물자 따위를 끌어들임. ¶차관 **도입**

[指導지도] 어떤 목적이나 방향에 따라 가르치어 이끎. 가르침. ¶학생 **지도**

[主導國주도국] 주동이 되어 이끄는 나라. ¶수출 **주도국**

擔 멜 담 扌 扌 扩 扩 挓 擔 擔	擔	擔	擔	擔	擔	擔	擔
黨 무리 당 ⺌ ⺌ 當 當 當 黨 黨	黨	黨	黨	黨	黨	黨	黨
帶 띠 대(:) 一 ナ 卅 卅 帯 帶 帶	帶	帶	帶	帶	帶	帶	帶
隊 무리 대 阝 阝 阼 隊 隊 隊 隊	隊	隊	隊	隊	隊	隊	隊
導 인도할 도: ⺌ 首 首 道 道 導	導	導	導	導	導	導	導

사자성어

- **得意滿面** [득의만면] 뜻을 이루어 기쁜 표정이 얼굴에 가득함.
- **燈下不明** [등하불명] 등잔 밑이 어두움. 가까이 있는 것을 도리어 알아내기 어려움을 일컫는 말.
- **燈火可親** [등화가친] 가을밤은 서늘하여 등불을 가까이 두고 글을 읽기에 좋다는 말.
- **馬耳東風** [마이동풍] 말 귀에 부는 봄바람. 곧 남의 말을 귀담아 듣지 않음을 이르는 말. ㊒ 牛耳讀經(우이독경)

毒
독 독
毋 〈총8획〉

[**毒藥**독약] 독성을 가진 약제.

[**毒素**독소] 지극히 해롭거나 나쁜 요소.
¶**독소** 조항을 철폐하다

[**食中毒**식중독] 상한 음식물을 먹음으로
써 생기는 중독 상태.

督
감독할 독
目 〈총13획〉

[**總督**총독] 식민지·자치령 따위에서 정치·군사 등 모든 통치
권을 감독하고 관할하는 관직, 또는 그 관직에 있는
사람.

[**基督敎**기독교] 예수 그리스도의 인격과 교훈을 중심으로 하는
종교. ¶**기독교** 신자

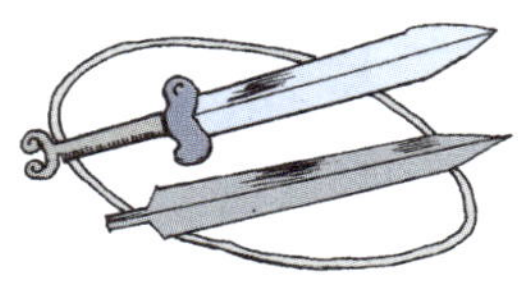

銅
구리 동
金 〈총14획〉

[**銅線**동선] 구리 철선.

[**靑銅器**청동기] 청동으로 만든 기구
를 두루 이르는 말. ¶**청동
기** 시대

[**黃銅**황동] 놋쇠.

斗
말 두
斗 〈총4획〉

[**北斗七星**북두칠성] 큰곰자리에서 가장 뚜렷하게 보이는, 국자
모양으로 된 일곱 개의 별. 북두성.

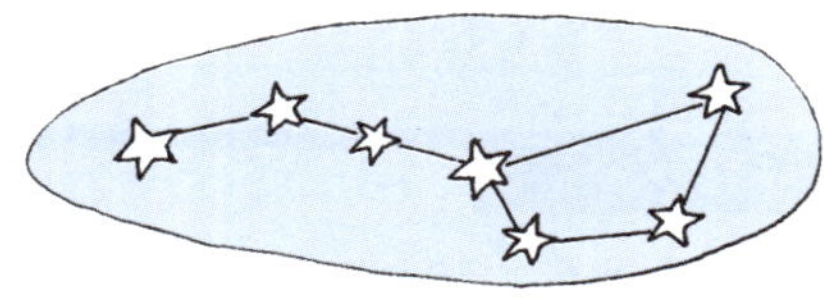

豆
콩 두
豆 〈총7획〉

[**豆滿江**두만강] 우리나라 북동부를 흐르는 강. 백두산에서 시작
하여 동해로 흘러 들어감.

[**綠豆**녹두] 콩과의 일년초. 밭에 심는 재
배 식물인데 모양이 팥과 비
슷함. ¶**녹두** 빈대떡

毒 독 독 一 丰 丰 丰 毒 毒 毒	毒	毒	毒	毒	毒	毒	毒
督 감독할 독 丶 丫 圥 叔 督 督 督	督	督	督	督	督	督	督
銅 구리 동 丿 ㅅ 亼 金 釗 釗 銅	銅	銅	銅	銅	銅	銅	銅
斗 말 두 丶 丶 ㅑ 斗	斗	斗	斗	斗	斗	斗	斗
豆 콩 두 一 丆 戸 戸 戸 豆 豆	豆	豆	豆	豆	豆	豆	豆

사자성어

- **萬民平等** [만민평등] 모든 사람은 평등하다는 말.
- **萬有引力** [만유인력] 질량을 가지고 있는 모든 물체가 서로 잡아당기는 힘.
- **滿場一致** [만장일치] 회의장에 모인 여러 사람의 뜻이 한결같음.
- **木人石心** [목인석심] 나무로 만든 사람에 돌로 만든 마음. 곧 의지가 굳어 어떤 유혹에도 흔들리지 않음.
- **無不通知** [무불통지] 무엇에든지 환히 통하여 모르는 것이 없음.
- **無事通過** [무사통과] 아무 탈 없이 지나감.

得 얻을 득 彳 〈총11획〉	[得失득실] 이익과 손해를 아울러 이르는 말. ¶**득실**을 따지다
	[拾得습득] 남이 잃어버린 물건을 주움. ↔ 분실(紛失) ¶**습득**한 물건을 주인에게 돌려주다
	[利得이득] 이익을 얻는 일, 또는 그 이익. ↔ 손실(損失)
	[所得소득] 어떤 일의 결과로 얻는 것. 이익. ¶**소득** 증대

燈 등 등 火 〈총16획〉 灯	[街路燈가로등] 길거리를 밝히기 위하여 가설한 등. ¶**가로등**이 밝다
	[燈火등화] 등불. 등잔불. 촛불.

羅 벌일 라 网 〈총19획〉	[新羅신라] 우리나라의 고대 왕국 중의 하나. 박혁거세가 한반도의 동남쪽에 자리잡아 세운 나라.
	[羅列나열] 죽 벌여 놓음, 또는 죽 벌여 있음. ¶내용을 항목별로 **나열**하다
	[羅城나성] 로스엔젤레스. LA.

兩 두 량: 入 〈총8획〉 両	[兩面양면] 양쪽 면. 앞면과 뒷면. ¶**양면** 인쇄
	[兩家양가] 양쪽 집. ¶**양가**의 하객
	[兩國양국] 양편의 두 나라. ¶한미 **양국**
	[兩班양반] 고려·조선 시대에, 지배층을 이루던 신분.
	[兩親양친] 아버지와 어머니. 부모(父母).

麗 고울 려 鹿 〈총19획〉	[麗水여수] 전라남도 남동부에 있는 시.
	[高句麗고구려] 우리나라 고대의 삼국 가운데 동명왕 주몽이 기원전 37년에 세운 나라.
	[美麗미려] 아름답고 고움.

得	得 得 得 得 得 得 得
얻을 득 彳 彳 彳 彳 得 得 得	

燈	燈 燈 燈 燈 燈 燈 燈
등 등 丷 火 炒 炒 烂 燈 燈	

羅	羅 羅 羅 羅 羅 羅 羅
벌일 라 罒 罒 罒 罗 罪 羅 羅	

雨	雨 雨 雨 雨 雨 雨 雨
두 량 一 冂 币 雨 雨 雨 雨	

麗	麗 麗 麗 麗 麗 麗 麗
고울 려 丽 丽 丽 丽 丽 麗 麗	

사자성어

- **無所不爲** [무소불위] 할 수 없는 바가 없음. 무엇이든지 다 함.
- **無所不知** [무소부지] 모르는 것이 없음.
- **文房四友** [문방사우] 서재에 갖추어야 할 네 가지 벗으로 곧 종이·붓·벼루·먹을 말함.
- **聞一知十** [문일지십] 하나를 들으면 열을 앎. 매우 총명함을 이르는 말.
- **門前成市** [문전성시] 찾아오는 손님으로 문 앞이 장터와 같이 복잡하다는 뜻으로, 방문객이 많음을 이르는 말.

連 이을 련
辶 〈총11획〉

[連結연결] 서로 이어서 맺음. ¶전화를 **연결**하다

[連綿연면] 오래 연이어서 끊이지 않음.

[連續연속] 끊이지 않고 죽 이어지거나 지속함. ¶**연속** 홈런

[連打연타] 연이어 침. ¶종을 **연타**하다

[連休연휴] 휴일이 계속되는 일, 또는 계속되는 휴일.

列 벌릴 렬
刀 〈총6획〉

[五列오열] 적 내부에 침투해 간첩 활동을 하는 비밀 요원.

[列傳열전] 여러 사람의 전기(傳記)를 차례로 벌여 적은 것.

[列擧열거] 여러 가지를 하나씩 들어 말함. ¶증거를 **열거**하다

[班列반열] 품계 · 신분 · 등급의 차례. ¶정승의 **반열**에 오르다

[行列행렬] 여럿이 줄을 지어 감, 또는 그 줄. ¶시위 **행렬**

錄 기록할 록
金 〈총16획〉

[記錄기록] 어떤 사실을 뒤에 남기려고 적음. ¶회의 **기록**

[登錄등록] 문서에 올림. ¶**등록**을 마치다

[目錄목록] 어떤 물품의 이름 따위를 일정한 순서로 적은 것.

[收錄수록] 기록하여 넣거나 모아서 실음.

[錄音녹음] 소리를 재생할 수 있도록 기계로 기록하는 일.

論 논할 론
言 〈총15획〉

[論語논어] 사서(四書)의 하나. 공자의 언행, 공자와 제자 · 제후 등과의 문답, 제자끼리의 문답 등을 모아서 엮은 책.

[論議논의] 어떤 문제에 대하여 서로 의견을 말하며 의논함.

[理論이론] 어떠한 문제에 관한 특정한 학자의 견해나 학설.

[衆論중론] 여러 사람의 의론. ¶**중론**이 일치하다

留 머무를 류
田 〈총10획〉

[停留정류] 탈것 따위가 머무름.

[留級유급] 학교 등에서 진급하지 못하고 그대로 남음.

[留念유념] 마음에 새기고 생각함. ¶각별히 **유념**하다

[留保유보] 뒷날로 미룸. 보류(保留). ¶소풍이 **유보**되었다

[留任유임] 그 자리에 그대로 머물러 일을 맡아봄.

連	連	連	連	連	連	連	連
이을 련							
ㄱ ㅌ ㅌ 車 車 連 連							

列	列	列	列	列	列	列	列
벌릴 렬							
一 ブ 歹 歹 列 列							

錄	錄	錄	錄	錄	錄	錄	錄
기록할 록							
ㅅ ㅌ 金 釒 釘 鈝 錄							

論	論	論	論	論	論	論	論
논할 론							
言 計 詒 詒 論 論 論							

留	留	留	留	留	留	留	留
머무를 류							
ㄴ ㅌ ㅌ 印 띠 留 留 留							

사자성어 

- 美辭麗句 [미사여구] 아름다운 말과 고운 글귀.
- 美風良俗 [미풍양속] 아름답고 좋은 풍속.
- 博學多識 [박학다식] 학식이 대단히 넓고 아는 것이 많음.  博覽強記(박람강기) 반 不學無識(불학무식)
- 百年大計 [백년대계] 먼 장래를 내다보고 세우는 큰 계획.
- 百年河清 [백년하청] 아무리 바라고 기다려도 실현될 가망이 없음을 이르는 말. 유 何待歲月(하대세월)

律
법칙 률
彳 〈총9획〉

[法律법률] 사회 생활을 유지하기 위한 강제적인 규범.

[自律자율] 스스로의 의지로 자신의 행동을 규제함. ¶**자율** 학습

[律動율동] 일정한 규칙을 따라 주기적으로 움직임.

[規律규율] 사회 생활을 하는 데 행위의 준칙이 되는 것.

[音律음률] 소리와 음악의 가락. ¶맑고 아름다운 **음률**

滿
찰 만(ː)
水 〈총14획〉

滿

[滿足만족] 마음에 부족함이 없이 흐뭇함. ¶**만족**을 느끼다

[充滿충만] 어떤 한정된 곳에 가득하게 참. ¶가정에 행복이 **충만**하기를 기원합니다

[滿發만발] 많은 꽃이 한꺼번에 활짝 핌.

[滿開만개] 많은 꽃이 한꺼번에 활짝 핌. 만발(滿發).

脈
줄기 맥
肉 〈총10획〉

脉

[山脈산맥] 많은 산이 길게 이어져 줄기 모양을 하고 있는 산지. 산줄기. ¶태백 **산맥**

[動脈동맥] 심장의 박동에 의하여 밀려 나온 혈액을 온몸으로 보내는 혈관. ↔ 정맥(靜脈)

[人脈인맥] 한 갈래로 얽힌 인간관계. ¶**인맥**을 형성하다

毛
터럭 모
毛 〈총4획〉

[毛布모포] 담요.

[不毛地불모지] 식물이 자라지 않는 거칠고 메마른 땅. ¶**불모지**로 버려진 땅을 개간하다

牧
칠/기를 목
牛 〈총8획〉

[牧場목장] 일정한 시설을 갖추어 소나 말 등을 놓아 기르는 곳.

[放牧방목] 소나 말·양 따위의 가축을 놓아기름.

[牧童목동] 풀을 뜯기며 가축을 치는 아이.

[牧師목사] 교회를 맡아 다스리고 신자를 인도하는 성직자.

[牧草목초] 가축에게 먹이는 풀.

律	律 律 律 律 律 律 律
법칙 률 ` 彳 彳 彳 律 律 律 律`	

滿	滿 滿 滿 滿 滿 滿 滿
찰 만(:) `氵 氵 汁 汁 沽 滿 滿`	

脈	脈 脈 脈 脈 脈 脈 脈
줄기 맥 `丿 月 朊 朊 脈 脈 脈`	

毛	毛 毛 毛 毛 毛 毛 毛
터럭 모 `丿 二 三 毛`	

牧	牧 牧 牧 牧 牧 牧 牧
칠/기를 목 `丿 一 牛 牛 牜 牧 牧`	

사자성어

- **白面書生** [백면서생] 글만을 읽어서 세상일에 경험이 없는 사람.
- **百發百中** [백발백중] 쏘는 대로 꼭꼭 맞음. 계획한 일마다 실패 없이 잘됨을 뜻함.
- **百戰百勝** [백전백승] 싸움마다 승리함.　⊕ 連戰連勝(연전연승)
- **百害無益** [백해무익] 오직 해로울 뿐 이로움은 전혀 없음.
- **父傳子傳** [부전자전] 대대로 아버지가 아들에게 전함.　⊕ 父傳相傳(부전상전), 父傳子承(부전자승)

武 호반/무사 무: 止 〈총8획〉	[武功무공] 전쟁에서 세운 공적. ¶**무공**을 세우다 [武器무기] 적을 치거나 막는 데 쓰이는 온갖 도구. ¶공격 **무기** [武力무력] 군사상의 힘. ¶**무력**에 의한 침략

務 힘쓸 무: 力 〈총11획〉	[任務임무] 맡은 일. ¶중대한 **임무**를 띠다 [義務의무] 사람으로서 마땅히 해야 할 일. ¶윤리적 **의무** [實務실무] 실제의 업무. ¶**실무**에 밝다 [業務업무] 직장 같은 곳에서 맡아서 하는 일. ¶**업무**가 많다 [休務휴무] 늘 하던 일을 하루나 한동안 쉼.

未 아닐 미(:) 木 〈총5획〉	[未聞미문] 아직 듣지 못함. ¶**미문**의 기이한 사건 [未備미비] 완전하지 못함. 제대로 갖추어져 있지 아니함. ¶서류 **미비** [未成年미성년] 성년이 되지 않은 나이, 또는 그 사람.

味 맛 미 口 〈총8획〉	[興味흥미] 흥을 느끼는 재미. ¶**흥미**를 불러일으키다 [意味의미] 어떤 말이 나타내고 있는 내용. 뜻. ¶낱말의 **의미** [別味별미] 특별히 좋은 맛, 또는 그런 음식. ¶계절의 **별미**를 즐기다 [一味일미] 첫째가는 좋은 맛.

密 빽빽할 밀 宀 〈총11획〉	[精密정밀] 아주 잘고 자세함. ¶**정밀** 검사 [密約밀약] 남몰래 약속함. ¶**밀약**을 맺다 [密接밀접] 관계가 썩 가까움. ¶**밀접**한 관계 [内密내밀] 밖으로 드러나지 않음. ¶**내밀**이 드러나다 [親密친밀] 지내는 사이가 아주 친하고 가까움. ¶**친밀**한 사이

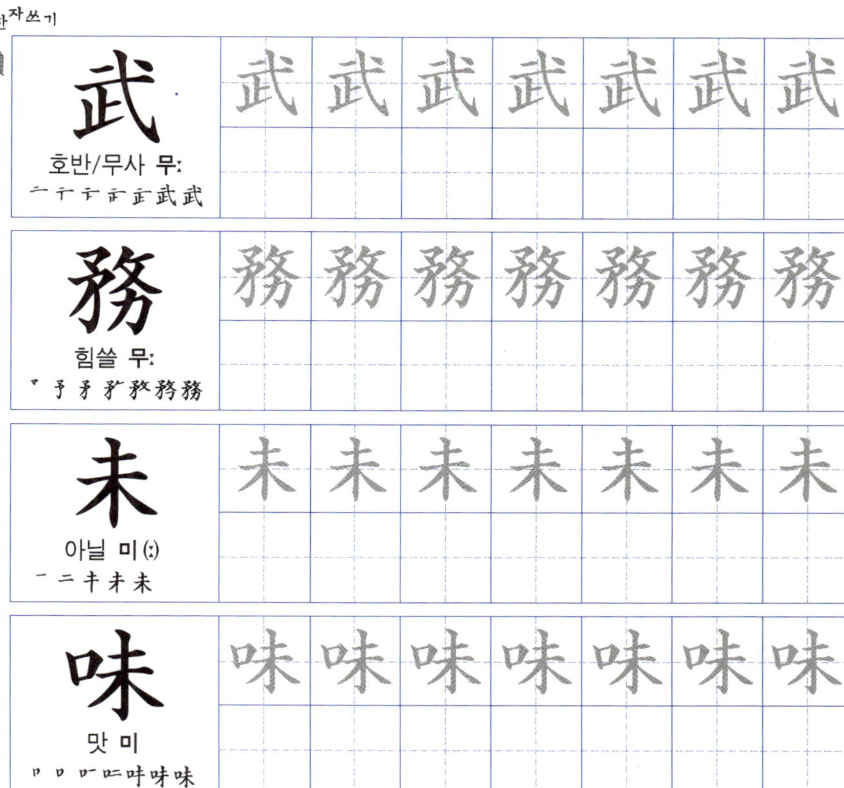

武	武 武 武 武 武 武 武
호반/무사 무: 一 二 千 千 正 武 武	

務	務 務 務 務 務 務 務
힘쓸 무: ' 予 矛 矛 矜 務 務	

未	未 未 未 未 未 未 未
아닐 미(:) 一 二 干 未 未	

味	味 味 味 味 味 味 味
맛 미 丨 口 口 味 味 味	

密	密 密 密 密 密 密 密
빽빽할 밀 宀 少 灾 灾 灾 宓 密	

사자성어

- **北窓三友** [북창삼우] 백거이의 시(詩)에서 나온 말로, 거문고와 술과 시를 아울러 이르는 말.
- **不可思議** [불가사의] 사람의 생각으로는 미루어 헤아릴 수 없이 이상야릇함.
- **不立文字** [불립문자] 도를 까달음은 문자나 말로 전하는 것이 아니라 마음에서 마음으로 전해짐. ㊡ 以心傳心(이심전심)
- **不問可知** [불문가지] 묻지 않고도 알 수 있음.
- **不問曲直** [불문곡직] 옳고 그른 것을 묻지 아니함.

博 넓을 박
十 〈총12획〉

[博士박사] 대학에서 수여하는 가장 높은 학위.

[名博명박] 명예 박사.

[博學박학] 학식이 넓고 아는 것이 많음. ↔ 천학(淺學)

[博識박식] 널리 보고 들어서 아는 것이 많음, 또는 그런 사람.

[博愛박애] 뭇사람을 차별 없이 두루 사랑함. ¶박애 정신

防 막을 방
阜 〈총7획〉

[防音방음] 시끄러운 소리를 막음. ¶방음 장치

[防寒방한] 추위를 막음. ¶방한 용구

[防水방수] 물이 새거나 스며들거나 넘쳐 흐르는 것을 막음.

[防止방지] 어떤 일이 일어나지 않도록 막음. ¶사고 방지

[國防部국방부] 국방에 관련된 사무를 보는 중앙 행정 기관.

房 방 방
戶 〈총8획〉

[監房감방] 교도소에서 죄수를 가두어 두는 방. ¶감방에 들어가다

[獨房독방] 혼자서 쓰는 방. ¶독방을 사용하다

[冷房냉방] 더위를 막기 위해 실내의 온도를 낮추는 일.

訪 찾을 방:
言 〈총11획〉

[訪韓방한] 한국을 방문함. ¶방한 사절단

[訪問방문] 어떤 사람이나 장소를 찾아가서 만나거나 봄.

[訪北방북] 북한을 방문함. ¶방북 일정

[答訪답방] 남의 방문에 대한 답례로 방문함, 또는 그런 방문.

[來訪내방] 만나기 위하여 찾아옴. ¶손님의 내방을 받다

拜 절 배:
手 〈총9획〉

[拜上배상] '삼가 올림'의 뜻으로, 흔히 편지 글 끝에 쓰는 말.

[歲拜세배] 섣달그믐이나 정초에 하는 인사. ¶세배를 드리다

[禮拜예배] 신이나 부처에게 공손한 마음으로 절하는 일.

[參拜참배] 무덤이나 기념탑 등의 앞에서 절하고 기림. ¶국립 묘지 참배

| 博 넓을 박 | 博 | 博 | 博 | 博 | 博 | 博 | 博 |
| 十 広 恒 恒 博 博 博 | | | | | | | |

| 防 막을 방 | 防 | 防 | 防 | 防 | 防 | 防 | 防 |
| ' ㄱ ㅏ ㅏ 阡 防 防 | | | | | | | |

| 房 방 방 | 房 | 房 | 房 | 房 | 房 | 房 | 房 |
| ' ㄱ ㅋ 戸 戸 房 房 | | | | | | | |

| 訪 찾을 방: | 訪 | 訪 | 訪 | 訪 | 訪 | 訪 | 訪 |
| 言 言 言' 訪 訪 訪 訪 | | | | | | | |

| 拜 절 배: | 拜 | 拜 | 拜 | 拜 | 拜 | 拜 | 拜 |
| ' ㄹ 手 手 拝 拝 拜 | | | | | | | |

사자성어

- **不遠千里** [불원천리] 천 리를 멀다 여기지 아니함.
- **不學無識** [불학무식] 배우지 못하여 아는 것이 없음. 반 博學多識(박학다식)
- **非一非再** [비일비재] 하나도 둘도 아니고 매우 많음.
- **四苦八苦** [사고팔고] 온갖 고통, 또는 심한 고통.
- **事不如意** [사불여의] 일이 뜻대로 되지 않음.
- **事事件件** [사사건건] 모든 일. 온갖 사건. 길마다. 유 件件事事(건건사사)
- **死生決斷** [사생결단] 죽음과 삶을 무릅쓰고 결정을 내림.

背
등 배:
肉 〈총9획〉

[背恩배은] 은혜를 저버림. ↔ 보은(報恩)

[背景배경] 뒤쪽의 경치. ¶**배경**이 아름답다

[背書배서] 책장이나 어떤 문서의 뒷면에 글씨를 씀.

[背信배신] 신의를 저버림. ¶친구를 **배신**하다

[背後배후] 등 뒤. 뒤쪽. ¶**배후**에서 공격하다

配
나눌/짝 배:
酉 〈총10획〉

[配給배급] 나누어 줌.

[配達배달] 물건을 가져다가 몫몫으로 나누어 돌림. ¶신문 **배달**

[配當배당] 일정한 기준에 따라 나누어 줌. ¶주식 **배당**

[配列배열] 일정한 차례나 간격으로 죽 벌여 놓음.

[支配人지배인] 주인을 대신해 모든 영업 대리권을 가진 사람.

伐
칠 벌
人 〈총6획〉

[伐木벌목] 나무를 벰. ¶**벌목** 금지

[伐草벌초] 무덤의 잡풀을 베어서 깨끗이 함.

[殺伐살벌] 분위기나 풍경, 또는 인간 관계 따위가 거칠고 서먹서먹함. ¶**살벌**한 분위기

罰
벌할 벌
网 〈총14획〉

[賞罰상벌] 상과 벌.

[罰金벌금] 범죄의 처벌로서 부과하는 돈. ¶**벌금**을 물다

[罰則벌칙] 법규를 어겼을 때의 처벌을 정해 놓은 규칙.

[重罰중벌] 중한 형벌. 무거운 징벌. ¶**중벌**을 내리다

[處罰처벌] 형벌에 처함. ¶**처벌** 규정

壁
벽 벽
土 〈총16획〉

[絶壁절벽] 바위 같은 것들이 깎아 세운 것처럼 솟았거나 내리박힌 험한 벼랑. ¶깎아지른 듯한 **절벽**

[壁報벽보] 여러 사람에게 알리려고 종이에 써서 벽이나 게시판 등에 붙이는 글. ¶**벽보**를 붙이다

[壁畫벽화] 벽에 장식으로 그린 그림.

背 등 배:
` ` `一` `北` `背` `背` `背`
背 背 背 背 背 背 背

配 나눌/짝 배:
`一` `厂` `丙` `酉` `酉` `配`
配 配 配 配 配 配 配

伐 칠 벌
`丿` `亻` `仁` `代` `伐` `伐`
伐 伐 伐 伐 伐 伐 伐

罰 벌할 벌
`丶` `口` `罒` `罰` `罰` `罰`
罰 罰 罰 罰 罰 罰 罰

壁 벽 벽
`丿` `尸` `吊` `辟` `辟` `壁`
壁 壁 壁 壁 壁 壁 壁

사자성어

- **事親以孝** [사친이효] 어버이 섬기기를 효로써 하여야 한다는 말.
- **四通五達** [사통오달] 길이나 교통망 등이 사방으로 막힘 없이 통함. ⑧ 四通八達(사통팔달)
- **山林綠化** [산림녹화] 황폐한 산에 식목 · 산림 보호 등을 하여 초목이 무성하게 하는 일.
- **山戰水戰** [산전수전] 산에서의 싸움, 물에서의 싸움. 세상일의 온갖 고난을 겪은 경험을 비유해 이르는 말.

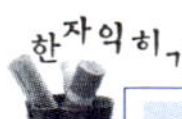

邊
가 변
辵 〈총19획〉
辺 边

[路邊노변] 길가. 도로변. ¶**노변**에 핀 코스모스
[邊方변방] 나라와 나라의 경계가 되는 변두리 지역. 변경(邊境).
[江邊강변] 강가. ¶**강변** 마을
[身邊신변] 몸, 또는 몸의 주변. ¶**신변** 보호
[多邊化다변화] 일의 방법이나 모양이 다양하고 복잡해짐.

步
걸음 보:
止 〈총7획〉

[進步진보] 사물의 내용이나 정도가 차츰차츰 나아짐.
[速步속보] 빠른 걸음.
[步道보도] 사람이 다니는 길. ¶**보도** 행진
[競步경보] 걸어서 빠르기를 겨루는 육상 경기의 한 가지.
[行步행보] 걸음을 걸음, 또는 그 걸음. ¶**행보**가 느리다

保
지킬 보(:)
人 〈총9획〉

[保安보안] 안전을 유지하는 일. ¶**보안** 경비
[醫保의보] '의료 보험'의 준말. ¶지역 **의보**
[健保건보] '건강 보험'의 준말. ¶**건보** 공단
[保留보류] 어떤 일의 결정을 뒤로 미루어 둠. ¶일을 **보류**하다
[保健보건] 건강을 지켜 나가는 일. ¶**보건** 위생

報
갚을/알릴 보:
土 〈총12획〉

[報告보고] 주어진 임무에 대하여 그 결과나 내용을 말이나 글로 알림. ¶경과 **보고**
[情報정보] 사물의 내용이나 형편에 관한 소식이나 자료.
[報道보도] 새 소식을 널리 알림, 또는 그 소식. ¶신문 **보도**
[報恩보은] 은혜를 갚음. ↔ 배은(背恩)

寶
보배 보:
宀 〈총20획〉
宝

[寶石보석] 색채와 광택이 아름답고 산출량이 적기 때문에 장식용 등으로 귀중히 여겨지는 광물.
[家寶가보] 대를 이어 전해 내려오는 한 집안의 보물.
[寶貨보화] 보물(寶物).
[國寶국보] 나라의 보배. ¶**국보**적 가치가 있는 유물

| 邊 | 邊 | 邊 | 邊 | 邊 | 邊 | 邊 | 邊 |
가 변
ｒ ｎ 自 鼻 臭 舅 邊

| 步 | 步 | 步 | 步 | 步 | 步 | 步 | 步 |
걸음 보:
ｌ ｆ ｆ 止 止 步 步

| 保 | 保 | 保 | 保 | 保 | 保 | 保 | 保 |
지킬 보(:)
亻 亻 伅 伊 伊 仔 保

| 報 | 報 | 報 | 報 | 報 | 報 | 報 | 報 |
갚을/알릴 보:
土 幸 幸 幸 郣 報 報

| 寶 | 寶 | 寶 | 寶 | 寶 | 寶 | 寶 | 寶 |
보배 보:
宀 宀 宁 宁 宵 寶 寶

- 山川草木 [산천초목] 산천과 초목. 자연.
- 殺身成仁 [살신성인] 자기의 몸을 희생하여 인(仁)을 이룸.
- 生老病死 [생로병사] 인생이 반드시 받아야 하는 네 가지의 고통. 곧 태어나고, 늙고, 병들고, 죽는 일.
- 生不如死 [생불여사] 살아 있는 것이 죽으니 못함. 몹시 곤란한 지경에 빠져 있음을 뜻함.
- 生死苦樂 [생사고락] 생사와 고락. 살고 죽는 일과 괴롭고 즐거운 일.

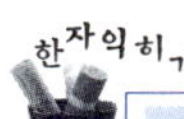

復

회복할 **복**
다시 **부:**
彳 〈총12획〉

[復元복원] 원래대로 회복함. ¶경복궁 **복원** 공사

[復活부활] 죽었다가 되살아남. ¶예수의 **부활**

[復古복고] 과거의 제도나 사상·전통 따위로 돌아감.

[復舊복구] 파괴된 것을 다시 본디의 상태대로 고침.

[復習복습] 배운 것을 되풀이하여 익힘. ↔ 예습(豫習)

府
마을/관청 **부:**
广 〈총8획〉

[政府정부] 입법부·사법부에 대하여 국가의 정책을 집행하는 행정부. ¶**정부** 각 부처

婦

며느리 **부**
女 〈총11획〉

[夫婦부부] 남편과 아내.

[主婦주부] 한 가정의 살림살이를 맡아 꾸려 가는 안주인. 가정주부.

[子婦자부] 며느리.

[孝婦효부] 효성스러운 며느리. ¶**효부** 없는 효자 없다

副

버금 **부:**
刀 〈총11획〉

[副賞부상] 정식의 상 외에 따로 덧붙여서 주는 상.

[副作用부작용] 어떤 일에 곁들여 일어나는 바람직하지 못한 일.

[副業부업] 본업 외에 따로 가지는 직업. ↔ 본업(本業)

[副題부제] 책이나 논문 등의 제목 밑에 덧붙이는 작은 제목.

[副産物부산물] 어떤 일에 부수적으로 생기는 일이나 현상.

富

부자 **부:**
宀 〈총12획〉

[富貴부귀] 재산이 많고 사회적 지위가 높음. ↔ 빈천(貧賤)

[豊富풍부] 넉넉하고 많음. ¶**풍부**한 경험

[貧富빈부] 가난함과 넉넉함. ¶**빈부**의 격차

[富強부강] 나라의 재정이 넉넉하고 군사력이 튼튼함.

[富國부국] 경제력이 넉넉한 나라. ↔ 빈국(貧國)

復 회복할 복/다시 부: ノ 彳 疒 衎 得 復 復	復 復 復 復 復 復 復
府 마을/관청 부: 一 广 广 庁 庐 府 府	府 府 府 府 府 府 府
婦 며느리 부 女 女 妒 妒 婦 婦 婦	婦 婦 婦 婦 婦 婦 婦
副 버금 부: 一 口 吊 吊 畐 副 副	副 副 副 副 副 副 副
富 부자 부: 宀 宀 宫 宫 宫 富 富	富 富 富 富 富 富 富

- **先禮後學** [선례후학] 먼저 예의를, 나중에 학문을 배우라는 말. 모든 일에 예의가 먼저라는 말.
- **先則制人** [선즉제인] 사람들이 하지 않을 때 자기가 먼저 이를 해치우면 능히 사람들 위에 설 수 있다는 뜻.
- **說往說來** [설왕설래] 무슨 일의 시비를 가리느라고 말로 옥신각신함.
- **歲歲年年** [세세년년] 매년.
- **世時風俗** [세시풍속] 예로부터 해마다 관례로서 행하여지는 전승적 행사.

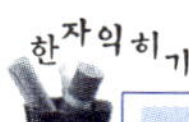

佛
부처 불
人 〈총7획〉
仏

[佛家불가] 불교를 믿는 사람, 또는 그 사회.
[佛經불경] 불교의 가르침을 적은 경전.
[佛敎불교] 세계 3대 종교의 하나. 기원전 5세기 초엽에 인도의 석가모니가 설법한 가르침.

非
아닐 비:
非 〈총8획〉

[非理비리] 도리에 어그러지는 일. ¶사회의 **비리**를 파헤치다
[非命비명] 재해나 사고 따위로 죽는 일. ¶**비명**에 가다
[非常비상] 예사로운 일이 아닌 긴급 사태. ¶**비상**이 걸리다
[非行비행] 도리나 도덕 또는 법규에 어긋나는 행위.
[非難비난] 남의 잘못이나 결점을 책잡아서 나쁘게 말함.

悲
슬플 비:
心 〈총12획〉

[悲歌비가] 슬프고 애잔한 노래.
[悲運비운] 슬픈 운명. 불행한 운명. ¶**비운**의 왕자
[悲報비보] 슬픈 소식. ¶**비보**가 날아들다
[悲話비화] 슬픈 이야기.

飛
날 비
飛 〈총9획〉

[飛上비상] 날아오름. ¶새가 높은 곳을 향해 **비상**하다
[飛行비행] 항공기 따위가 하늘을 날아다님. ¶야간 **비행**
[飛報비보] 아주 빨리 보고함.

備
갖출 비:
人 〈총12획〉

[具備구비] 필요한 것을 빠짐없이 갖춤. 두루 갖춤. ¶**구비** 서류
[對備대비] 앞으로 있을 어떤 일에 대응하여 미리 준비함, 또는 그런 준비. ¶노후 **대비**
[備置비치] 마련하여 갖추어 둠. ¶**비치** 도서
[備品비품] 늘 일정하게 갖추어 두고 쓰는 물품. ¶**비품** 구입

佛	佛	佛	佛	佛	佛	佛	佛
부처 불							
ノ イ イ' イ' 侶 佛 佛							

非	非	非	非	非	非	非	非
아닐 비:							
ノ ナ ヺ 非 非 非 非							

悲	悲	悲	悲	悲	悲	悲	悲
슬플 비:							
ノ ナ ヺ 非 非 悲 悲							

飛	飛	飛	飛	飛	飛	飛	飛
날 비							
ノ 飞 飞' 飞' 飛 飛 飛							

備	備	備	備	備	備	備	備
갖출 비:							
イ イ" 伴 伴 備 備 備							

사자성어

- **歲寒三友** [세한삼우] 추위에 강한 세 나무. 즉 소나무 · 대나무 · 매화나무를 이름.
- **是非曲直** [시비곡직] 옳고, 그르고, 굽고, 곧음. 즉 잘잘못을 말함.
- **是是非非** [시시비비] 옳은 것을 옳다 하고 그른 것을 그르다 함.
- **始終如一** [시종여일] 처음부터 끝까지 변함없이 한결같음.
- **時和年豊** [시화년풍] 나라 안이 태평하고 풍년이 듦.
- **信賞必罰** [신상필벌] 공이 있는 자에게는 반드시 상을 주고, 죄가 있는 자에게
  는 반드시 벌을 줌. 법 집행을 엄정히 함.

가난할 빈
貝 〈총11획〉

[貧寒빈한] 살림이 몹시 가난하여 집안이 쓸쓸함.

[淸貧청빈] 성품이 깨끗하고 재물에 대한 욕심이 없어 가난함.

[貧者빈자] 가난한 사람. ↔ 부자(富者)

[最貧최빈] 가장 가난함.

[貧血빈혈] 혈액 속에 적혈구나 헤모글로빈이 줄어든 상태.

절 사
寸 〈총6획〉

[寺院사원] 절. 사찰.

[山寺산사] 산속에 있는 절.

[佛國寺불국사] 경북 경주시 진현동 토함산 기슭에 있는 절.

집 사
舌 〈총8획〉

[校舍교사] 학교의 건물. ¶신축 교사

[舍監사감] 기숙사에서 기숙생들의 생활을 감독하는 사람. ¶사감 선생

[舍宅사택] ‘관사(官舍)’ 또는 ‘사택(社宅)’을 흔히 이르는 말. ¶교장 사택

스승 사
巾 〈총10획〉

师

[醫師의사] 의술과 약으로 병을 고치는 직업에 종사하는 사람.

[敎師교사] 학생을 가르치거나 돌보는 사람. 교원(敎員).

[師弟사제] 스승과 제자. ¶사제 관계

[恩師은사] ‘스승’을 감사한 마음으로 이르는 말.

[講師강사] 학교나 학원 따위에서 위촉을 받아 강의하는 사람.

사례할 사(:)
言 〈총17획〉

[感謝감사] 고마움을 나타내는 인사. ¶감사 편지

[謝過사과] 잘못에 대하여 용서를 빎.

[謝禮사례] 언행이나 금품으로 고마운 뜻을 나타내는 인사.

[謝恩사은] 입은 은혜에 대하여 감사함. ¶고객 사은 행사

[謝罪사죄] 자신이 지은 죄에 대하여 용서를 빎.

貧							
가난할 **빈** 八 分 分 谷 谷 貧 貧							

寺							
절 **사** 一 十 土 士 寺 寺							

舍							
집 **사** 人 ㅅ 今 全 全 舍 舍							

師							
스승 **사** ノ ㅏ ㅓ 自 自 師 師							

謝							
사례할 **사**(:) 言 訂 訂 謝 謝 謝 謝							

사자성어

- **身土不二** [신토불이] 우리의 몸과 태어난 땅은 하나. 즉, 같은 땅에서 난 것이라야 체질에 가장 잘 맞음.
- **實事求是** [실사구시] 사실에 토대하여 진리를 탐구함.
- **十中八九** [십중팔구] 열 중에 여덟, 아홉이 거의 틀림없음을 이르는 말.
- **安分知足** [안분지족] 편안한 마음으로 제 분수를 지키며 만족할 줄 앎.
- **安貧樂道** [안빈낙도] 가난한 생활 가운데서도 편안한 마음으로 도를 즐길 줄 아는 여유 있는 생활 자세.

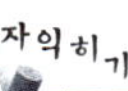

殺
죽일 살
감할 쇄:
殳 〈총11획〉

[殺生살생] 사람이나 동물 따위의 산 것을 죽임.
[殺人살인] 사람을 죽임. ¶**살인** 사건
[自殺자살] 스스로 자기의 목숨을 끊음. ↔ 타살(他殺)
[殺到쇄도] 전화나 주문 따위가 세차게 몰려듦.
[相殺상쇄] 셈을 서로 비김. ¶수입과 지출을 **상쇄**하다

床
상 상
广 〈총7획〉

[病床병상] 병자가 눕거나, 또는 누워 있는 침상. ¶**병상**에 눕다
[寢床침상] 누워 잘 수 있게 만든 평상.
¶**침상**에 올라가다
[卓床탁상] 책상·앞상·평상 따위를 통틀어 이르는 말.

狀
형상 상/문서 장:
犬 〈총8획〉
狀

[原狀원상] 본디의 상태. 원래 있던 그대로의 상태. ¶**원상** 복구
[狀態상태] 사물이나 현상이 처해 있는 현재의 모양 또는 형편.
[現狀현상] 현재의 상태. 지금의 형편. ¶**현상** 유지
[家狀가장] 한 집안 조상의 행적에 관한 기록.
[賞狀상장] 상을 주는 뜻을 표하여 주는 증서. ¶**상장**을 받다

想
생각 상:
心 〈총13획〉

[思想사상] 어떠한 사물에 대해 가지고 있는 구체적인 생각.
[空想공상] 헛된 생각을 함, 또는 그런 생각. ¶**공상** 과학
[感想감상] 마음에 느끼어 일어나는 생각.
[理想이상] 생각할 수 있는 가장 완전한 상태. ¶**이상** 실현
[着想착상] 새로운 생각이나 구상 따위를 잡는 일.

常
떳떳할/항상 상
巾 〈총11획〉

[常設상설] 항상 마련하여 둠, 또는 그 시설. ¶**상설** 시장
[常綠상록] 나뭇잎이 사철 늘 푸름.
[常識상식] 사람들이 보통 알고 있거나 알아야 하는 지식.
[常用상용] 일상적으로 늘 씀. ¶영어를 **상용**하다
[正常정상] 이상한 데가 없는 보통의 상태. ¶**정상** 활동

殺	殺	殺	殺	殺	殺	殺	殺
죽일 살/감할 쇄:							
ノ メ 辛 杂 条 郗 殺							

床	床	床	床	床	床	床	床
상 상							
丶 亠 广 广 庁 床 床							

狀	狀	狀	狀	狀	狀	狀	狀
형상 상/문서 장:							
丨 爿 爿 爿 뮤 狀 狀							

想	想	想	想	想	想	想	想
생각 상:							
十 木 村 相 相 想 想							

常	常	常	常	常	常	常	常
떳떳할/항상 상							
꺄 꺄 꺅 常 常 常 常							

사자성어

- **眼下無人** [안하무인] 눈 앞에 사람이 없음. 사람됨이 교만하여 남을 업신여김을 말함. ㊌ 眼中無人(안중무인)
- **愛人如己** [애인여기] 남 사랑하기를 자기 몸처럼 함.
- **弱肉強食** [약육강식] 약한 자는 강한 자에게 잡혀 먹힘.
- **良藥苦口** [양약고구] 좋은 약은 입에 쓰지만 병에는 이롭다는 말. 충고하는 말은 귀에 거슬려도 자신에게 이롭다는 말.
- **語不成說** [어불성설] 말이 조금도 이치에 맞지 않음.

設
베풀 설
言 〈총11획〉

[建設건설] 건물이나 그 밖의 시설물을 만들어 세움.

[設備설비] 어떤 일을 하는 데 필요한 건물이나 장치ㆍ기물 따위를 갖추는 일, 또는 그런 물건. ¶전기 **설비**

[設令설령] 그렇다 하더라도.

[設計圖설계도] 설계한 것을 그린 도면.

城
성/재 성
土 〈총10획〉

[築城축성] 성을 쌓음.

[城壁성벽] 성곽의 벽.

[萬里長城만리장성] 중국 본토의 북변, 몽골 사이에 축조된 성벽.

[開城개성] 경기도 북서부에 있는 시.

盛
성할 성:
皿 〈총12획〉

[盛大성대] 아주 성하고 큼. ¶**성대**한 잔치

[豊盛풍성] 넉넉하고 많음. ¶**풍성**한 과일

[全盛期전성기] 한창 왕성한 시기. ¶**전성기**를 누리다

[盛行성행] 많이 유행함.

誠
정성 성
言 〈총14획〉

[忠誠충성] 참마음에서 우러나는 정성.

[誠金성금] 정성으로 내는 돈. ¶불우 이웃 돕기 **성금**

[誠實성실] 태도나 언행 등이 정성스럽고 참됨. ¶**성실**한 생활

[孝誠효성] 마음을 다하여 어버이를 섬기는 정성. ¶**효성**이 지극하다

星
별 성
日 〈총9획〉

[星宿성수] 모든 별자리의 별들.

[星雲성운] 구름 모양으로 퍼져 보이는 천체.

[流星유성] 지구의 대기권에 들어와 공기의 압축과 마찰로 빛을 내며 떨어지는 작은 물체.

設 베풀 설 言 言 言 言 設 設 設	設 設 設 設 設 設 設
城 성/재 성 土 圵 圹 圿 城 城 城	城 城 城 城 城 城 城
盛 성할 성: 厂 厈 成 成 成 盛 盛	盛 盛 盛 盛 盛 盛 盛
誠 정성 성 言 言 訂 訪 誠 誠 誠	誠 誠 誠 誠 誠 誠 誠
星 별 성 口 日 旦 昌 昌 星 星	星 星 星 星 星 星 星

사자성어

- 言語道斷 [언어도단] 말할 길이 끊어짐. 곧 말문이 막힌다는 말.
- 言行一致 [언행일치] 하는 말과 행동이 같음. (반) 言行相反(언행상반)
- 熱帶地方 [열대지방] 열대 기후에 속하는 고온 지방.
- 五風十雨 [오풍십우] 오 일에 한 번씩 바람이 불고 십 일에 한 번씩 비가 옴.
  곧 세상사가 순조롭거 되어감을 이르는 말.
- 溫故知新 [온고지신] 옛 것을 익혀 거기서 새로운 지식이나 도리를 발견함.
- 樂山樂水 [요산요수] 산과 물을 좋아함. 곧 자연을 좋아하고 사랑한다는 말.

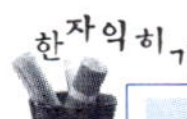

聖
성인 성:
耳 〈총13획〉

[聖人성인] 지혜와 덕이 뛰어나 길이 우러러 본받을 만한 사람.
[聖火성화] 올림픽 대회 때, 대회가 끝날 때까지 주경기장의 성화대에 켜 놓는 횃불.
[神聖신성] 신과 같이 성스러움.
[聖經성경] 종교상 신앙의 최고 법전이 되는 책.

聲
소리 성
耳 〈총17획〉
声

[音聲음성] 사람의 발음 기관에서 나오는 소리. 말소리.
[聲明성명] 여러 사람에게 공개하여 발표하는 일.
[無聲무성] 소리나 음성이 없음. ¶**무성** 영화
[銃聲총성] 총소리. ¶일발의 **총성**
[形聲형성] 한자의 육서의 하나.

細
가늘 세:
糸 〈총11획〉

[細工세공] 섬세한 잔손질이 많이 가는 수공(手工). ¶보석 **세공**
[細部세부] 자세한 부분.
[細分세분] 잘게 나눔. 자세하게 분류함. ¶업무를 **세분**하다
[細心세심] 꼼꼼하게 주의를 기울여 빈틈이 없음.
[細密세밀] 자세하고 빈틈없음. ¶**세밀**하게 그린 그림

稅
세금 세:
禾 〈총12획〉

[課稅과세] 세금을 매김, 또는 그 세금.
[稅金세금] 국가나 지방 공공 단체가 조세로서 징수하는 돈.
[稅制세제] 조세에 관한 제도. ¶**세제** 개혁
[重稅중세] 부담이 큰 조세. ¶**중세**를 부과하다
[血稅혈세] 가혹한 조세.

勢
형세 세:
力 〈총13획〉

[運勢운세] 사람이 타고난 운명이나 운수.
[情勢정세] 일이 되어 가는 사정과 형세. ¶복잡한 국제 **정세**
[虛勢허세] 실상이 없는 기세. 허위(虛威). ¶**허세**를 부리다
[形勢형세] 어떠한 일의 형편이나 상태. ¶**형세**가 위급하다
[強勢강세] 강한 세력이나 기세.

聖 성인 성: F 耳 耵 耵 聖 聖 聖	聖	聖	聖	聖	聖	聖	聖
聲 소리 성 土 吉 声 殸 殸 聲 聲	聲	聲	聲	聲	聲	聲	聲
細 가늘 세: 幺 糸 糸 紅 紐 細 細	細	細	細	細	細	細	細
稅 세금 세: 千 禾 禾 秒 租 秒 稅	稅	稅	稅	稅	稅	稅	稅
勢 형세 세: 土 走 查 훼 執 勢 勢	勢	勢	勢	勢	勢	勢	勢

사자성어

- **牛耳讀經** [우이독경] 소 귀에 경(經) 읽기 아무리 가르치고 일러주어도 알아
  듣지 못해 효과가 없음. ㊤ 牛耳誦經(우이송경)
- **月下老人** [월하노인] 남녀의 인연을 맺어 주는 사람. 결혼의 중매자. ㊤ 月下
  氷人(월하빙인)
- **有口無言** [유구무언] 입은 있으나 할 말은 없음. 변명할 말이 없음.
- **類萬不同** [유만부동] 분수에 맞지 않고 정도에 넘침. 또는 많은 것들이 서로
  같지 않고 다름.

素
본디/흴 소(:)
糸 〈총10획〉

[素質소질] 본디부터 가지고 있는 성질. ¶소질을 계발하다
[素材소재] 어떤 것을 만드는 데 바탕이 되는 재료.
[素朴소박] 꾸밈이나 거짓이 없이 있는 그대로임. ¶소박한 인정
[素服소복] 상복(喪服). 흰옷.
[素養소양] 평소의 교양. ¶소양이 밝다

笑
웃음 소:
竹 〈총10획〉

[可笑가소] 우스움.
[大笑대소] 소리 내어 크게 웃음. ¶박장 대소
[談笑담소] 스스럼없이 웃으며 이야기함. ¶담소를 나누다
[失笑실소] 더 참지를 못하고 저도 모르게 웃음, 또는 그 웃음. ¶실소를 금할 수 없는 사건

掃
쓸 소(:)
手 〈총11획〉

[淸掃청소] 깨끗이 쓸고 닦음, 또는 더러운 것을 없애어 깨끗이 함. ¶청소 도구
[掃除소제] 먼지나 더러운 것 따위를 떨고 쓸고 닦아서 깨끗이 함. 청소(淸掃). ¶방을 소제하다

俗
풍속 속
人 〈총9획〉

[俗謠속요] 민간에서 널리 불리는 속된 노래. 속가(俗歌).
[風俗풍속] 예로부터 지켜 내려오는, 생활에 관한 사회적 습관.
[俗談속담] 예로부터 내려오는 민간의 격언.

續
이을 속
糸 〈총21획〉
続

[相續상속] 이어 줌, 또는 이어받음. ¶상속을 받다
[接續접속] 서로 맞닿게 이음.
[續出속출] 계속하여 나옴.
[續行속행] 계속하여 행함.

素	素	素	素	素	素	素	素
본디/흴 소(:)							
一 ≠ 主 圭 麦 麦 素							

笑	笑	笑	笑	笑	笑	笑	笑
웃음 소:							
' ^ ^ 竹 竹 笑 笑 笑							

掃	掃	掃	掃	掃	掃	掃	掃
쓸 소(:)							
扌 扌 扫 掃 掃 掃 掃							

俗	俗	俗	俗	俗	俗	俗	俗
풍속 속							
亻 亽 伀 伀 伀 俗 俗							

續	續	續	續	續	續	續	續
이을 속							
幺 糸 糸 結 績 繪 續							

사자성어

- **有名無實** [유명무실] 이름만 있고 실질적인 능력이나 모습을 갖추지 못함. 빈 명예만 있음.
- **有備無患** [유비무환] 모든 일에 미리 준비가 되어 있으면 근심이 없음.
- **有志事成** [유지사성] 뜻을 두어 노력하면 그 일은 이루어진다는 말.
- **陰德陽報** [음덕양보] 남 모르게 쌓은 덕행은 나중에 그 보답을 저절로 받게 됨을 이르는 말.
- **耳目口鼻** [이목구비] 귀·눈·입·코를 통틀어 이르는 말. 인물.

送 보낼 송:
辶 〈총10획〉

[放送방송] 라디오나 텔레비전을 통하여 널리 듣고 볼 수 있도록 음성이나 영상을 전파로 내보내는 일.

[電送전송] 전류나 전파를 이용하여 먼 곳에 보냄.

[送信송신] 통신을 보냄. ↔ 수신(受信)

[發送발송] 물건이나 우편물 따위를 부침. ¶화물의 **발송**

守 지킬 수
宀 〈총6획〉

[郡守군수] 군(郡)의 행정 사무를 맡아보는 군청의 책임자.

[死守사수] 목숨을 걸고 지킴. ¶진지를 **사수**하다

[固守고수] 굳게 지킴. 단단히 지킴.

[守節수절] 절의를 지킴.

[保守보수] 오랜 습관·제도 등을 소중히 여겨 그대로 지킴.

收 거둘 수
攴 〈총6획〉
収

[收入수입] 돈이나 물건 따위를 벌어들이거나 거두어들이는 일, 또는 그 돈이나 물건. ¶**수입**이 줄다 ↔ 지출(支出)

[收買수매] 물건을 사들임. ¶정부가 추곡을 **수매**하다

[買收매수] 물건 따위를 사들임. ¶토지를 **매수**하다

[減收감수] 수입이나 수확이 줆. ¶재해로 인한 농작물의 **감수**

受 받을 수
又 〈총8획〉

[受理수리] 받아서 처리함. ¶사표를 **수리**하다

[受信수신] 통신을 받음. ¶전파를 **수신**하다 ↔ 송신(送信)

[傳受전수] 법도·기술 따위를 전하여 받음. ¶택견을 **전수**하다

[受給수급] 급여·연금·배급 따위를 받음. ¶국민연금 **수급**

[受領수령] 돈이나 물품 따위를 받음. ¶퇴직금을 **수령**하다

授 줄 수
手 〈총11획〉

[授受수수] 주고받음. ¶금품을 **수수**하다

[教授교수] 대학에서 학술을 가르치는 사람을 통틀어 이르는 말.

[授業수업] 학교 같은 데서 학업이나 기술을 가르쳐 줌. ¶정규 **수업**

[傳授전수] 기술이나 지식 따위를 전하여 줌. ¶기술 **전수**

送							
보낼 송:	送	送	送	送	送	送	送
′ ⌒ 亼 半 关 关 送							

守							
지킬 수	守	守	守	守	守	守	守
′ ′′ 宀 宀 守 守							

收							
거둘 수	收	收	收	收	收	收	收
丨 収 收 收 收 收							

受							
받을 수	受	受	受	受	受	受	受
′ ′′ 爫 爫 受 受 受							

授							
줄 수	授	授	授	授	授	授	授
扌 扌 扩 护 护 授 授							

사자성어

- **以心傳心** [이심전심] 말이나 글을 통하지 않고 마음에서 마음으로 전함. ㊡ 拈
  華微笑(염화미소), 不立文字(불립문자)
- **以熱治熱** [이열치열] 열은 열로써 다스림. 힘에는 힘으로, 강한 것에는 강한
  것으로 상대함.
- **二律背反** [이율배반] 서로 모순 대립하는 두 명제가 동등한 타당성을 가지고
  주장되는 일.
- **利害得失** [이해득실] 이로움과 해로움, 얻음과 잃음.

修 닦을 수
人 〈총10획〉

[修身수신] 마음과 행실을 바르게 하도록 심신을 닦음.

[修道수도] 도를 닦음. ¶**수도** 생활

[修習수습] 정식으로 실무를 맡기 전에 배워 익힘. ¶**수습** 기간

[修正수정] 이미 이루어진 것의 잘못된 점을 바로잡음.

[修學수학] 학문을 닦음.

純 순수할 순
糸 〈총10획〉

[純種순종] 딴 계통과 섞이지 않은 순수한 종(種).

[純情순정] 순수하고 사심이 없는 감정. ¶**순정**적인 사랑

[純眞순진] 마음이 꾸밈이 없고 참됨. ¶**순진**한 사람

[單純단순] 복잡하지 않고 간단함. ¶구조가 **단순**하다

[清純청순] 깨끗하고 순박하거나 순수함. ¶**청순**한 마음씨

承 이을 승
手 〈총8획〉

[承認승인] 정당하거나 사실임을 인정함. ¶**승인**을 얻다

[傳承전승] 문화·풍속·제도 따위를 대대로 전하여 이어 감. ¶민간 **전승**

視 볼 시:
見 〈총12획〉

[輕視경시] 대수롭지 않게 여김. ↔ 중시(重視)

[視力시력] 물체의 존재나 모양 따위를 분간하는 눈의 능력.

[視野시야] 시력이 미치는 범위. ¶안개가 **시야**를 가리다

[同視동시] 같은 것으로 봄. 같게 봄.

[無視무시] 사물의 존재나 가치를 알아주지 아니함.

是 이/옳을 시:
日 〈총9획〉

[都是도시] 도무지. ¶무슨 이야기를 하는지 **도시** 알 수가 없다

[是非시비] 옳고 그름. 잘잘못. ¶**시비**를 가리다

[是認시인] 옳다고, 또는 그러하다고 인정함. ¶잘못을 **시인**하다

[必是필시] 아마도 틀림없이. ¶그에게 **필시** 무슨 일이 생긴 것 같다

修	修	修	修	修	修	修	修
닦을 수							
亻 亻 俨 修 修 修 修							

純	純	純	純	純	純	純	純
순수할 순							
幺 幺 系 糸 紅 紀 純							

承	承	承	承	承	承	承	承
이을 승							
一 了 子 手 手 承 承							

視	視	視	視	視	視	視	視
볼 시:							
二 于 示 礼 神 神 視							

是	是	是	是	是	是	是	是
이/옳을 시:							
口 日 旦 早 早 早 是							

사자성어

- **益者三友** [익자삼우] 사귀어서 유익한 세 종류의 벗. 곧 정직한 사람, 학식이 있는 사람, 신의가 있는 사람.
- **因果應報** [인과응보] 과거 또는 전생의 선악의 인연에 따라 뒷날 길흉화복의 갚음을 받게 됨을 0 름.
- **人命在天** [인명재천] 사람의 목숨은 하늘의 뜻에 달려 있음.
- **人事不省** [인사불성] 정신을 잃어 의식이 없음.
- **人死留名** [인사유명] 사람은 죽으면 이름을 남겨야 한다는 말.

施
베풀 시:
方 〈총9획〉

[施行시행] 실제로 행함. ¶약속한 대로 **시행**하다

[施工시공] 공사를 시행(施行)함.

[施政시정] 정부가 정치를 행함, 또는 그 정치. ¶**시정** 방침

[施設시설] 도구나 장치 등을 베풀어서 차림, 또는 그 차린 설비.

[施惠시혜] 은혜를 베풂.

詩
시 시
言 〈총13획〉

[詩人시인] 시를 짓는 사람.

[童詩동시] 어린이를 위한 시. 동심의 세계를 표현한 시.

[序詩서시] 긴 시의 머리말 구실을 하는 시.

[詩歌시가] 가사를 포함한 시문학을 통틀어 이르는 말.

[詩集시집] 여러 편의 시를 모아 엮은 책. ¶**시집**을 내다

試
시험 시(:)
言 〈총13획〉

[試驗시험] 재능이나 실력 따위를 일정한 절차에 따라 검사하고 평가하는 일. ¶채용 **시험**

[試圖시도] 무엇을 시험 삼아 꾀하여 봄. ¶새로운 **시도**

[試合시합] 운동이나 그 밖의 경기 따위에서 승부를 가리는 일.

[入試입시] '입학시험'의 준말.

息
쉴/아들 식
心 〈총10획〉

[消息소식] 안부 따위에 대한 기별이나 편지 따위. ¶**소식**을 전하다

[令息영식] 남의 아들에 대한 경칭.

[休息휴식] 일을 하거나 길을 가다가 잠깐 쉬는 일. 휴게(休憩). ¶**휴식** 시간

申
알릴/납 신
田 〈총5획〉

[申告신고] 기관이나 조직체의 구성원이 윗사람에게 어떤 사실을 보고하거나 알리는 일. ¶습득물 **신고**

[申請신청] 단체나 기관에 어떠한 일이나 물건을 알려 청구함.

[內申내신] 상급 학교 진학할 때 선발 자료가 될 수 있도록 지원자의 출신 학교에서 학업 성적, 품행 등을 적어 보냄.

施	施 施 施 施 施 施 施
베풀 시: ` ㅗ ㅎ 方 ㅎ 方 斿 施`	

詩	詩 詩 詩 詩 詩 詩 詩
시 시 `言 言 計 計 詩 詩 詩`	

試	試 試 試 試 試 試 試
시험 시(:) `言 言 訐 訐 試 試 試`	

息	息 息 息 息 息 息 息
쉴/아들 식 `ㅓ ㅔ 自 自 自 息 息`	

申	申 申 申 申 申 申 申
알릴/납 신 `ㅣ 口 曱 日 申`	

사자성어

- **人山人海** [인산인해] 산과 바다처럼 수를 헤아리지 못할 만큼 많은 사람이 모임.
- **一擧兩得** [일거양득] 한 가지 일을 하여 두 가지 이득을 본다는 말. ㊌ 一石二鳥(일석이조)
- **一口二言** [일구이언] 한 입으로 두 가지 말을 함. 곧 말을 이랬다저랬다 함을 이름.
- **日暖風和** [일난풍화] 날씨가 따뜻하고 바람이 온화함.

深 깊을 심
水 〈총11획〉

[深夜심야] 깊은 밤. ¶**심야** 방송

[深海심해] 깊은 바다. ¶**심해** 어업 ↔ 천해(淺海)

[深化심화] 사물의 정도가 깊어지거나 심각해짐, 또는 그렇게 되도록 함. ¶감정 대립이 **심화**되다

[水深수심] 물의 깊이. ¶**수심**이 깊다

眼 눈 안:
目 〈총11획〉

[眼目안목] 사물을 보아서 분별할 수 있는 식견, 또는 사물의 가치를 판별할 수 있는 능력. ¶**안목**을 넓히다

[眼科안과] 눈병의 예방이나 치료를 다루는 의학의 한 분과. ¶**안과** 의원

[眼界안계] 눈에 보이는 범위.

暗 어두울 암:
日 〈총13획〉

[暗黑암흑] 주위 일대가 어둡고 캄캄함, 또는 캄캄한 어둠.

[明暗명암] 밝음과 어두움.

[暗室암실] 밖으로부터 빛이 들어오지 못하도록 꾸며 놓은 방.

[暗記암기] 쓴 것을 보지 않고서도 기억할 수 있도록 외움.

[暗示암시] 넌지시 알림, 또는 그 알린 내용. ¶**암시**를 주다

壓 누를 압
土 〈총17획〉
圧

[壓力압력] 어떤 물체가 다른 물체를 누르는 힘.

[外壓외압] 외부로부터 가해지는 압력. ¶**외압**을 이겨내다

[制壓제압] 세력이나 기세를 제어하여 억누름. ¶기술로 상대를 **제압**하다

[壓尊압존] 어른 공대가 그보다 더 높은 어른 앞에서는 줄어짐.

液 진 액
水 〈총11획〉

[液體액체] 물이나 기름처럼 일정한 부피는 있으나 일정한 모양이 없이, 그릇 모양에 따라 유동하고 변형하는 물질.

[樹液수액] 나무에서 분비하는 액. ¶**수액** 채취

[液化액화] 기체가 냉각되거나 압축되거나 하여 액체가 됨.

[血液혈액] 피.

深	深	深	深	深	深	深	深
깊을 심							
氵汀洰洰深深深							

眼	眼	眼	眼	眼	眼	眼	眼
눈 안:							
目 目丿目ㅋ目ㅋ眼眼眼							

暗	暗	暗	暗	暗	暗	暗	暗
어두울 암:							
日 日ㅏ日立睁睁暗暗							

壓	壓	壓	壓	壓	壓	壓	壓
누를 압							
厂厍屌厭厭壓壓							

液	液	液	液	液	液	液	液
진 액							
氵氵汸汸液液液							

사자성어 

- 一脈相通 [일맥상통] 처지나 성질, 생각 등이 한줄기로 서로 통함.
- 一石二鳥 [일석이조] 한 가지의 일을 하여 두 가지의 이익을 거둠. ㊡ 一擧兩
  得(일거양득)
- 一言半句 [일언반구] 한 마디의 말과 반 구절의 말. 즉 몹시 짧은 말.
- 一衣帶水 [일의대수] 한 줄의 띠와 같은 냇물이나 바닷물. 강이나 해협의 간격
  이 매우 좁음을 말함. ㊡ 指呼之間(지호지간)
- 一日三秋 [일일삼추] 하루가 삼 년 같음. 즉 몹시 애태우며 기다림.

羊
양 양
羊 〈총6획〉

[羊毛양모] 양의 털.

[羊肉양육] 양의 고기.

[牧羊목양] 양을 침.

[山羊산양] 염소.

如
같을 여
女 〈총6획〉

[如前여전] 전과 다름이 없음. ¶그의 말버릇은 **여전**했다

[一日如三秋일일여삼추] 하루가 삼 년 같음.

餘
남을 여
食 〈총16획〉

余

[餘波여파] 무슨 일이 끝난 뒤에 주위에 미치는 영향.

[餘念여념] 다른 생각. ¶공부에 **여념**이 없다

[餘力여력] 어떤 일을 하고 또 다른 일을 할 수 있는 힘. 남은 힘. ¶**여력**이 없다

[餘生여생] 한창때를 지난, 한평생의 남은 인생.

逆
거스릴 역
辶 〈총10획〉

[逆行역행] 보통의 방향과는 반대 방향으로 나아감.

[逆順역순] 거꾸로 된 순서. ¶**역순**으로 시작하다

[逆風역풍] 자기가 가는 방향에서 마주 불어오는 바람.

[逆流역류] 거꾸로 흐름. ¶피가 **역류**하다

[逆說역설] 어떤 주의나 주장에 반대되는 이론이나 말.

研
갈 연:
石 〈총11획〉

[研修연수] 그 분야에 필요한 지식이나 기능을 몸에 익히기 위하여 특별한 공부를 하는 일. ¶신입 사원 **연수**

[研究員연구원] 연구에 종사하는 사람.

羊
양 양
丶 丷 ソ ≚ ≚ 羊

如
같을 여
フ 女 女 如 如 如

餘
남을 여
ㅅ 會 會 飠 飦 飴 餘

逆
거스릴 역
丶 丷 ソ 屰 屰 逆 逆

研
갈 연:
丆 丆 石 石 矸 矸 研

사자성어

- **一長一短** [일장일단] 장점도 있고 단점도 있음.
- **一朝一夕** [일조일석] 하루 아침, 하루 저녁처럼 짧은 시일.
- **一寸光陰** [일촌광음] 매우 짧은 시간.
- **自給自足** [자급자족] 자기의 수요를 자기가 생산하여 충당함.
- **子孫萬代** [자손만대] 대대로 내려오는 자손 ㉠ 代代孫孫(대대손손)
- **自手成家** [자수성가] 물려받은 재산이 없는 사람이 제 힘으로 한 살림을 이룩함.

煙
연기/담배 **연**
火 〈총13획〉

[煙氣연기] 물건이 탈 때 생기는 빛깔이 있는 기체.

[吸煙흡연] 담배를 피움.

演
펼 **연:**
水 〈총14획〉

[演技연기] 관객 앞에서 연극 · 노래 따위의 재주를 나타내 보임.

[演說연설] 많은 사람 앞에서 자기의 의견을 말함. ¶선거 **연설**

[演出연출] 각본을 상연함. ¶**연출** 담당

[講演강연] 일정한 주제로 많은 청중 앞에서 연설을 함.

[競演경연] 개인이나 단체가 모여서 연기나 기능 따위를 겨룸.

榮
영화 **영**
木 〈총14획〉

栄

[榮光영광] 빛나는 영예. ¶승리의 **영광**

[榮位영위] 영예로운 지위.

[榮達영달] 높은 지위에 오르고 귀하게 됨.

[榮利영리] 명예와 이익, 또는 영화와
복리. ¶**영리**를 누리다

藝
재주 **예:**
艹 〈총19획〉

芸

[藝術예술] 기예와 학술을 아울러 이르는 말.

[藝能예능] 재주와 기능을 아울러 이르는 말.

[文藝문예] 학문과 예술을 아울러 이르는 말.

[曲藝곡예] 줄타기 · 요술 따위의 연예를 통틀어 이르는 말.

[書藝서예] 글씨를 붓으로 쓰는 예술.

誤
그르칠 **오:**
言 〈총14획〉

[誤用오용] 잘못 사용함. ¶단어의 **오용**

[正誤정오] 잘못된 글자나 문구 따위를 바로잡음.

[誤答오답] 틀린 답, 또는 틀린 답을 함. ↔ 정답(正答)

[誤報오보] 그릇되게 보도함, 또는 그런 보도.

[誤算오산] 잘못 셈함, 또는 잘못된 셈.

| 煙 | 煙 | 煙 | 煙 | 煙 | 煙 | 煙 | 煙 |

연기/담배 **연**

| 演 | 演 | 演 | 演 | 演 | 演 | 演 | 演 |

펼 **연:**
丶汀沪沪演演演

| 榮 | 榮 | 榮 | 榮 | 榮 | 榮 | 榮 | 榮 |

영화 **영**

| 藝 | 藝 | 藝 | 藝 | 藝 | 藝 | 藝 | 藝 |

재주 **예:**

| 誤 | 誤 | 誤 | 誤 | 誤 | 誤 | 誤 | 誤 |

그르칠 **오:**
言言訂評誤誤誤

사자성어

- **自業自得** [자업자득] 자기가 저지른 일의 결과로 자기 자신이 받은 일.
- **自初至終** [자초지종] 처음부터 끝마침에 이르기까지.
- **作心三日** [작심삼일] 마음먹은 일이 삼 일만 감. 결심이 굳지 못함을 이름.
- **電光石火** [전광석화] 번갯불이나 부싯돌의 불이 번쩍이는 것처럼, 몹시 짧은 시간이나 매우 빠른 동작을 비유한 말.
- **前代未聞** [전대미문] 지금까지 들어본 적이 없는 진귀한 일. ㊃ 未曾有(미증유), 前古未聞(전고미문)

玉 구슬 옥 玉 〈총5획〉	[玉石옥석]	'옥과 돌'이라는 뜻으로 좋은 것과 나쁜 것을 구분함을 이르는 말. ¶**옥석**을 가리다
	[玉體옥체]	임금 또는 귀인의 몸의 존칭.

往 갈 왕: 彳 〈총8획〉	[往來왕래]	가고 오고 함. 발길. ¶사람의 **왕래**가 잦다
	[往往왕왕]	때때로. 이따금.
	[往復왕복]	갔다가 돌아옴. ¶**왕복** 운동
	[往年왕년]	지난 해.

謠 노래 요 言 〈총17획〉	[歌謠가요]	민요·동요·유행가 따위를 통틀어 이르는 말.
	[童謠동요]	어린이들이 즐겨 부르는 노래, 또는 어린이를 위하여 지은 노래.
	[民謠민요]	예로부터 민중 사이에 불려 오던 전통적인 노래를 통틀어 이르는 말.

容 얼굴/받아들일 용 宀 〈총10획〉	[內容내용]	글이나 말 따위에 나타나 있는 사항. ¶글의 **내용**
	[相容상용]	서로 상대편의 말이나 행동을 너그럽게 받아들임.
	[許容허용]	허락하고 용납함.
	[受容수용]	받아들임. ¶의견을 **수용**하다
	[收容수용]	거두어 일정한 곳에 넣어 둠.

員 인원 원 口 〈총10획〉	[全員전원]	전체의 인원. ¶**전원** 집합시키다
	[動員동원]	한꺼번에 군중을 끌어내는 일. ¶학생을 **동원**하다
	[社員사원]	회사에 근무하는 사람. 회사원. ¶**사원** 모집
	[要員요원]	필요한 인원. ¶행정 **요원**
	[會員회원]	어떤 회를 구성하는 사람. ¶**회원** 입회

玉 구슬 옥 一 二 干 王 玉	玉	玉	玉	玉	玉	玉	玉
往 갈 왕: 丿 夕 彳 彳 彳 往 往	往	往	往	往	往	往	往
謠 노래 요 言 訁 訠 謠 謠 謡 謠	謠	謠	謠	謠	謠	謠	謠
容 얼굴/받아들일 용 宀 宀 宛 宛 穴 容 容	容	容	容	容	容	容	容
員 인원 원 口 口 目 目 冒 員 員	員	員	員	員	員	員	員

- **前無後無** [전무후무] 전에도 없었고 앞으로도 없음. ㊒ 空前絶後(공전절후)
- **前程萬里** [전정만리] 앞길이 만 리나 됨. 젊어서 희망을 걸 만한 장래가 있다
  는 말.
- **朝聞夕死** [조문석사] 아침에 도를 깨우치면 저녁에 죽어도 한이 없음.
- **造化神功** [조화신공] 조물주의 뛰어난 솜씨. 계절의 변화를 가리킴.
- **種豆得豆** [종두득두] 콩을 심으면 콩을 거둔다. 원인에 따라 그 결과가 주어진
  다는 말. ㊒ 因果應報(인과응보)

圓
둥글 원
口 〈총13획〉

[圓形원형] 둥글게 생긴 모양. 원 모양. ¶**원형** 경기장

[圓滿원만] 성격이나 행동이 모나지 않고 두루 너그러움. ¶**원만**한 대인 관계

[圓心원심] 원의 중심.

衛
지킬 위
行 〈총16획〉

[衛星위성] 행성의 둘레를 운행하는 작은 천체.

[防衛방위] 적이 쳐들어오는 것을 막아서 지킴. ¶국토 **방위**

[衛生위생] 건강을 위하여 질병의 예방이나 치료에 힘쓰는 일.

[護衛호위] 따라다니면서 신변을 경호함. ¶**호위** 병사

[保衛보위] 보전하여 지킴. ¶나라를 **보위**하다

爲
할 위(:)
爪 〈총12획〉

為

[爲主위주] 으뜸으로 삼음. ¶남성 **위주**의 사회

[人爲인위] 사람의 힘으로 이루어지는 일. 인공. ↔ 자연(自然)

[行爲행위] 사람이 행하는 짓. ¶나쁜 **행위**

肉
고기 육
肉 〈총6획〉

[肉筆육필] 본인이 직접 손으로 쓴 글씨. ¶**육필** 원고

[肉眼육안] 본디의 눈이나 시력. ¶**육안**으로도 구분이 된다

[肉聲육성] 직접 들리는 사람의 목소리. ¶**육성** 연설

[肉體육체] 사람의 몸. 육신(肉身). ¶**육체** 노동

[肉親육친] 혈족 관계에 있는 사람을 이르는 말. ¶**육친**의 정

恩
은혜 은
心 〈총10획〉

[恩惠은혜] 자연이나 남에게서 받는 고마운 혜택. ¶자연이 주는 **은혜**

[恩功은공] 은혜와 공로.

[恩德은덕] 은혜와 덕. 은혜로 입은 신세.

[恩愛은애] 은혜와 사랑.

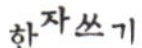

| 圓 | 圓 | 圓 | 圓 | 圓 | 圓 | 圓 | 圓 |
둥글 원
冂 冂 冃 冃 圊 圓 圓

| 衛 | 衛 | 衛 | 衛 | 衛 | 衛 | 衛 | 衛 |
지킬 위
彳 彳 徉 徟 律 徫 衛

| 爲 | 爲 | 爲 | 爲 | 爲 | 爲 | 爲 | 爲 |
할 위(:)
一 爫 爫 爯 爯 爲 爲

| 肉 | 肉 | 肉 | 肉 | 肉 | 肉 | 肉 | 肉 |
고기 육
丨 冂 内 内 肉 肉

| 恩 | 恩 | 恩 | 恩 | 恩 | 恩 | 恩 | 恩 |
은혜 은
冂 冂 因 因 因 恩 恩

사자성어

- **竹林七賢** [죽림칠현] 중국 진나라 초기에 노자와 장자의 무위 사상을 숭상하여 죽림에 모여 청담으로 세월을 보낸 일곱 명의 선비.
- **竹馬故友** [죽마고우] 죽마를 같이 타고 놀던 벗. 곧 어릴 때에 같이 놀며 자란 벗.
- **衆口難防** [중구난방] 여러 사람의 말은 다 막기가 어려움.
- **重言復言** [중언부언] 똑같은 말을 자꾸 되풀이함.
- **至上命令** [지상명령] 절대로 복종해야 할 명령.

陰 그늘 음
阜 〈총11획〉

[陰陽음양] 음과 양. ¶**음양**의 이치를 알다

[陰地음지] 그늘진 곳. 응달. ¶**음지**도 양지 될 때가 있다 ↔ 양지(陽地).

[陰凶음흉] 마음속이 음침하고 흉악함. ¶**음흉**한 생각

[陰害음해] 남을 넌지시 해침.

應 응할 응:
心 〈총17획〉
応

[應答응답] 물음이나 부름에 응하여 대답함. ¶**응답**을 받다

[應用응용] 원리나 지식·기술 따위를 실제로 다른 일에 활용함.

[對應대응] 어떤 일이나 사태에 알맞은 조치를 취함.

[反應반응] 생체가 자극이나 작용을 받아 일으키는 변화나 움직임. ¶민감한 **반응**을 보이다

義 옳을 의:
羊 〈총13획〉

[義士의사] 나라와 민족을 위해 의로운 행동으로 목숨을 바친 사람. ¶안중근 **의사**

[意義의의] 의미. 뜻.

[同義동의] 말의 뜻이 같음. 같은 뜻. ↔ 이의(異義)

[定義정의] 어떤 말이나 사물의 뜻을 명백히 밝혀 규정함.

議 의논할 의
言 〈총20획〉

[會議회의] 여럿이 모여 의논함, 또는 그 모임.

[議論의논] 서로 의견을 주고받음. ¶**의논**을 거듭하다

[議員의원] 의회의 구성원으로, 심의·의결권을 가진 사람.

[議題의제] 회의에서 의논할 문제.

[動議동의] 회의 중에 예정된 의안 이외의 의제를 제의하는 일.

移 옮길 이
禾 〈총11획〉

[移動이동] 움직여서 자리를 바꿈. ¶장소 **이동**

[移民이민] 다른 나라의 땅으로 옮겨 가서 사는 일, 또는 그 사람. ¶캐나다로 **이민**을 가다

[移住이주] 다른 곳이나 다른 나라로 옮아가서 삶. ¶해외 **이주**

[移記이기] 옮겨 기록함.

陰	陰	陰	陰	陰	陰	陰	陰

그늘 음
阝 阝 阣 陉 陰 陰 陰 陰

應	應	應	應	應	應	應	應

응할 응:
亠 庁 庐 庐 雁 應 應

義	義	義	義	義	義	義

옳을 의:
丷 羊 羊 羊 義 義 義

議	議	議	議	議	議	議	議

의논할 의
言 訁 訐 詳 詳 議 議

移	移	移	移	移	移	移	移

옮길 이
二 千 禾 禾 秒 秒 移 移

사자성어

- **至誠感天** [지성감천] 지극한 정성에 하늘기 감동함.
- **直木先伐** [직목선벌] 곧은 나무가 먼저 베어짐. 마음이 강직하고 곧은 사람은 먼저 다른 사람에게 해를 입게 된다는 말.
- **進退兩難** [진퇴양난] 앞으로 나아갈 수도 뒤로 물러설 수도 없는 궁지에 빠짐.
  - ㉠ 進退維谷(진퇴유극)
- **千客萬來** [천객만래] 많은 손님이 찾아옴.
- **千變萬化** [천변만화] 변화가 무궁한 것.

益 더할 익
皿 〈총10획〉

[國益국익] 국가의 이익. 국리(國利).

[收益수익] 일이나 사업 등을 하여 이익을 거두어들임.

[有益유익] 이익이 있음. 도움이 될 만함. 이로움. ¶**유익**한 이야기 ↔ 무익(無益)

[利益이익] 이롭고 도움이 되는 일.

認 알 인
言 〈총14획〉

[確認확인] 확실히 알아봄. ¶사실 여부를 **확인**하다

[認識인식] 사물을 깨달아 아는 일. ¶**인식**이 부족하다

[認定인정] 옳다고 믿고 정함.

[公認공인] 국가나 공공 단체가 인정함. ¶**공인** 단체

[自認자인] 스스로 인정함. 시인(是認). ¶잘못을 **자인**했다

引 끌 인
弓 〈총4획〉

[引上인상] 값을 올림. ¶물가 **인상** ↔ 인하(引下)

[引下인하] 값을 떨어뜨림. ¶금리를 **인하**하다 ↔ 인상(引上)

[引責인책] 일어난 일에 대하여 스스로 책임을 짐.

[引受인수] 물건이나 권리를 넘겨받음. ¶자료를 **인수**하다

[引火인화] 불이 옮아 붙음.

印 도장 인
卩 〈총6획〉

[印度인도] 남부 아시아에 있는 나라. 수도는 뉴델리.

[印章인장] 도장. 인(印).

[檢印검인] 서류나 물건을 검토한 표시로 찍는 도장. ¶**검인**을 받다

將 장수/장차 장(:)
寸 〈총11획〉
将

[將來장래] 앞으로 닥쳐올 날. 뒷날. 앞날. 미래.

[將兵장병] 장교와 사병을 아울러 이르는 말. ¶국군 **장병**

[大將대장] 국군의 장관 계급의 하나. 중장의 위, 원수의 아래임.

[月將월장] 달마다 내용이나 정도가 차차 향상됨.

[將校장교] 소위 이상의 무관을 통틀어 이르는 말. ↔ 사병(士兵)

益 더할 익 八 丷 父 谷 谷 盆 益	益 益 益 益 益 益 益
認 알 인 言 訒 訒 認 認 認 認	認 認 認 認 認 認 認
引 끌 인 ㄱ ㄱ 弓 引	引 引 引 引 引 引 引
印 도장 인 ᄼ ᄼ ᄐ ᄐ 印 印	印 印 印 印 印 印 印
將 장수/장차 장(:) 丬 爿 㭭 將 將 將 將	將 將 將 將 將 將 將

사자성어

- **天人共怒** [천인공노] 하늘과 사람이 함께 분노함. 곧 도저히 용서 못함을 이르는 말.
- **千村萬落** [천촌만락] 수많은 촌락.
- **天下第一** [천하제일] 세상에서 견줄 만한 것이 없음.
- **淸風明月** [청풍명월] 맑은 바람과 밝은 달 결백하고 온건한 사람을 평하는 말.
- **草綠同色** [초록동색] 풀색과 초록색은 같은 색임. 같은 처지의 사람들은 그 사람끼리 서로 어울림. ㈜ 類類相從(유유상종)

障 막을 장
阜 〈총14획〉

[支障지장] 일을 하는 데 거치적거리는 장애. ¶**지장**이 많다

[障壁장벽] 가리어 막은 벽. ¶**장벽**을 쌓다

[障害장해] 하고자 하는 일을 막아서 방해함.

[保障보장] 잘못되는 일이 없도록 보증함. ¶안전 **보장**

[故障고장] 기계나 설비 따위의 기능에 이상이 생기는 일.

低 낮을 저:
人 〈총7획〉

[高低고저] 높고 낮음. 높낮이. ¶음의 **고저**와 장단

[低俗저속] 품은 뜻이나 인격 따위가 낮고 속됨.

[低空저공] 고도가 낮은 공중. ¶**저공** 비행 ↔ 고공(高空)

[低利저리] 싼 이자. 저금리. ¶**저리** 융자 ↔ 고리(高利)

[低調저조] 능률이 오르지 않음. ¶학업 성적이 **저조**하다

敵 대적할 적
攵 〈총15획〉

[無敵무적] 대적할 상대가 없을 정도로 아주 셈. ¶천하 **무적**

[敵國적국] 적대 관계에 있는 나라. 교전국.

[敵手적수] 재주나 힘이 서로 비슷해서 상대가 되는 사람.

[對敵대적] 적을 마주 대함. 적과 맞섬.

[政敵정적] 정치적으로 대립되는 처지에 있는 사람.

田 밭 전
田 〈총5획〉

[田園전원] 논밭과 동산. 시골. ¶**전원** 생활

[油田유전] 석유가 나는 곳.

¶**유전**을 개발하다

絶 끊을 절
糸 〈총12획〉

[絶對절대] 대립되거나 비교될 것이 없는 상태. ¶**절대** 권력

[絶斷절단] 어떤 관계나 교류를 끊음.

[絶交절교] 서로 교제를 끊음.

[絶望절망] 모든 희망이 끊어짐. ¶**절망**의 구렁에 빠지다

[斷絶단절] 어떤 관계나 교류를 끊음. ¶대화가 **단절**되다

障	障 障 障 障 障 障 障
막을 장 ㇇ 阝 阝 阵 阵 陪 障 障	

低	低 低 低 低 低 低 低
낮을 저: 丿 亻 亻 亻 低 低 低	

敵	敵 敵 敵 敵 敵 敵 敵
대적할 적 丶 产 商 商 敵 敵 敵	

田	田 田 田 田 田 田 田
밭 전 丨 冂 冃 田 田	

絶	絶 絶 絶 絶 絶 絶 絶
끊을 절 幺 糸 糸 紵 紵 絹 絶	

사자성어

- **寸鐵殺人** [촌철살인] 간단한 말이나 짧은 문장으로 어떤 일의 급소를 찔러 사람을 감동시킴. ㊒ 頂門一鍼(정문일침)
- **秋風落葉** [추풍낙엽] 가을 바람에 흩어져 떨어지는 낙엽. 세력이나 형세가 갑자기 기울거나 시듦.
- **春夏秋冬** [춘하추동] 봄 · 여름 · 가을 · 겨울의 네 계절.
- **忠言逆耳** [충언역이] 충고하는 말은 귀에 거슬려 불쾌하다는 말. ㊒ 良藥苦口 (양약고구)

接 이을 접
手 〈총11획〉

[間接간접] 사이의 다른 것을 통해 연결되는 관계. ↔ 직접(直接)

[接待접대] 음식을 차려 손님을 맞음. 대접. ¶손님을 **접대**하다

[接受접수] 신청이나 신고 따위를 구두나 문서로 받음.

[接合접합] 한데 이어 붙이거나 서로 닿아서 맞붙음.

[近接근접] 가까이 다가감, 또는 가까이 닿음. 접근(接近).

政 정사 정
攵 〈총9획〉

[政治정치] 나라를 다스리는 일. ¶**정치** 활동

[家政가정] 집안 살림을 다스려 나가는 일.

[市政시정] 지방 자치 단체로서의 시의 행정.

[政局정국] 정치의 국면. ¶**정국**의 안정을 꾀하다

[政爭정쟁] 정치상의 싸움. ¶**정쟁**에 휘말리다

程 한도/길 정
禾 〈총12획〉

[程度정도] 알맞은 한도. ¶**정도**에 맞는 생활

[過程과정] 일이 되어 가는 경로. ¶진행 **과정**

[課程과정] 학년의 정도에 따른 과목. ¶1학기 **과정**

[規程규정] 조목별로 정하여 놓은 표준. ¶인사 관리 **규정**

[旅程여정] 여행의 일정. ¶**여정**이 빡빡하다

精 정할 정
米 〈총14획〉

[精神정신] 사고나 감정의 작용을 다스리는 인간의 마음.

[精度정도] 측정 등의 정밀함을 나타내는 정도.

[精練정련] 잘 단련함.

[精選정선] 공을 들여 좋은 것을 골라 뽑음. ¶작품을 **정선**하다

[精誠정성] 온갖 성의를 다하려는 참되고 거짓이 없는 마음.

制 절제할 제:
刀 〈총8획〉

[制度제도] 정해진 법규. 마련된 법도. 나라의 법칙.

[制限제한] 한계나 범위를 정함. ¶연령 **제한**

[規制규제] 어떤 규칙을 정하여 제한함. ¶통행을 **규제**하다

[統制통제] 일정한 방침에 따라 제한하거나 제약함.

[制動제동] 운동을 멈추게 함. 속력을 떨어뜨림. ¶제동 장치

接 이을 접 扌 扩 护 护 挨 接 接	接	接	接	接	接	接	接
政 정사 정 丁 下 正 正 政 政 政	政	政	政	政	政	政	政
程 한도/길 정 二 禾 秆 程 程 程 程	程	程	程	程	程	程	程
精 정할 정 丷 半 米 籵 粁 精 精	精	精	精	精	精	精	精
制 절제할 제: 丿 乍 乍 乍 制 制 制	制	制	制	制	制	制	制

사자성어

- 卓上空論 [탁상공론] 책상 위에서 현실을 무시한 채 벌이는 헛된 토론이나 이론.
- 敗家亡身 [패가망신] 가산을 탕진하고 몸을 망침.
- 風月主人 [풍월주인] 자연을 즐기는 사람.
- 風前燈火 [풍전등화] 바람 앞의 등불. 매우 위급한 상태에 있다는 말. ㊌ 累卵之危(누란지위)
- 行動擧止 [행동거지] 몸을 움직이는 모든 동작.

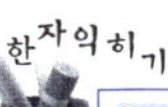

製
지을 제:
衣 〈총14획〉

[製藥제약] 약을 만듦, 또는 만들어진 약. ¶**제약** 회사

[製作제작] 재료를 써서 물건을 만듦. ¶영화 **제작**

[製造제조] 원료를 가공하여 제품을 만듦. ¶**제조** 공장

[製品제품] 재료를 써서 물건을 만듦, 또는 만든 그 물건. ¶유리 **제품**

除
덜 제
阜 〈총10획〉

[除去제거] 덜어서 없애 버림. ¶불순물을 **제거**하다

[除蟲제충] 해로운 벌레를 없애 버림.

[解除해제] 설치하였거나 장비한 것 따위를 풀어 없앰.

[除名제명] 어떤 단체에서 구성원의 자격을 그의 의사에 반하여 박탈하는 일. ¶**제명** 처분

祭
제사 제:
示 〈총11획〉

[祭壇제단] 제사를 지내는 단. ¶**제단**에 분향하다

[祭典제전] 제사를 지내는 의식.

[祝祭축제] 경축하여 벌이는 큰 잔치나 행사를 이르는 말.

[祭禮제례] 제사의 예절.

際
즈음 제
阜 〈총14획〉

[交際교제] 사람과 사람이 서로 사귐. ¶**교제**가 넓다

[國際국제] 나라와 나라 사이의 관계. ¶최근의 **국제** 정세

[實際실제] 있는 그대로의, 또는 나타나거나 당하는 그대로의 상태나 형편. ¶이론과 **실제**

提
끌 제
手 〈총12획〉

[提示제시] 어떠한 의사를 말이나 글로 나타내어 보임.

[提案제안] 의안으로 내어 놓음. ¶**제안**을 받아들이다

[提議제의] 의논이나 의안을 냄. ¶협상을 **제의**하다

[前提전제] 무슨 일이 이루어지기 위하여 선행되는 것.

[提起제기] 의논에 붙이기 위하여 의견을 내어 놓음.

製	製 製 製 製 製 製 製
지을 제:	
乍 制 制 製 製 製	

除	除 除 除 除 除 除 除
덜 제	
阝 阝 阝 阡 阼 除 除	

祭	祭 祭 祭 祭 祭 祭 祭
제사 제:	
夕 夕 奴 怒 祭 祭 祭	

際	際 際 際 際 際 際 際
즈음 제	
阝 阝 阝 阡 際 際 際	

提	提 提 提 提 提 提 提
끌 제	
扌 扌 捍 捏 捍 提 提	

사자성어

- **虛虛實實** [허허실실] 적의 허(虛)를 찌르고 실(實)을 꾀하는 등 서로 계략을 다하여 싸우는 모양.
- **形形色色** [형형색색] 모양과 종류가 다른 가지가지. 가지각색.
- **呼兄呼弟** [호형호제] 형이라고 부르고 아우라고 부른다는 뜻으로 친형제처럼 가깝게 지냄을 이름.
- **花容月態** [화용월태] 꽃 같은 얼굴과 달 같은 모습. 미인의 모습을 형용한 말.
  - ㊌ 丹脣皓齒(단순호치)

濟
건널 제:
水 〈총17획〉

濟

[百濟백제] 우리나라의 고대 왕국 중의 하나. 고구려의 왕족인 온조가 한반도의 남서쪽에 자리 잡아 세운 나라.

[救濟구제] 어려운 처지에 있는 사람을 도와줌. ¶난민을 **구제**하다

[決濟결제] 일을 처리하여 끝을 냄.

早
일찍 조:
日 〈총6획〉

[早起조기] 아침에 일찍 일어남. ¶**조기** 축구회

[早期조기] 이른 시기. 이른 때. ¶**조기** 교육

[早死조사] 젊어서 일찍 죽음.

[早朝조조] 이른 아침. ¶**조조** 할인

[早老조로] 나이에 비하여 일찍 늙음.

造
지을 조:
辶 〈총11획〉

[造船조선] 배를 건조함. ¶**조선** 산업

[造作조작] 무슨 일을 지어내거나 꾸며 냄. ¶사건을 **조작**하다

[創造창조] 전에 없었던 것을 처음으로 만듦.

[造化조화] 만물을 창조하고 기르는 대자연의 이치. ¶**조화**의 묘

[造語力조어력] 말을 만드는 힘.

助
도울 조:
力 〈총7획〉

[助敎조교] 대학의 교수 밑에서 연구와 사무를 돕는 직위.

[助長조장] 도와서 북돋움. ¶소비를 **조장**하다

[共助공조] 여러 사람이 함께 도와줌, 또는 서로 도움.

[救助구조] 위험한 상태에 있는 사람을 도와서 구원함.

[助力조력] 힘을 써 도와줌. 도움. ¶그의 **조력**을 받다

鳥
새 조
鳥 〈총11획〉

[鳥類조류] 척추동물의 한 강. 파충류에서 진화한 것으로 앞다리는 날개로, 입은 각질의 부리로 변화됨. 새무리.

[鳥銃조총] 소총. 엽총.

[白鳥백조] 오릿과의 물새. 고니. ¶**백조**의 호수

| 濟 | 濟 | 濟 | 濟 | 濟 | 濟 | 濟 | 濟 |
건널 제:
氵汇浐浐浐瀋濟

| 早 | 早 | 早 | 早 | 早 | 早 | 早 | 早 |
일찍 조:
丨冂日日旦早

| 造 | 造 | 造 | 造 | 造 | 造 | 造 |
지을 조:
丿生牛告告告造

| 助 | 助 | 助 | 助 | 助 | 助 | 助 | 助 |
도울 조:
丨冂日且且助助

| 鳥 | 鳥 | 鳥 | 鳥 | 鳥 | 鳥 | 鳥 | 鳥 |
새 조
丿冂冃冃自鳥鳥

사자성어

- 花朝月夕 [화조월석] 꽃 피는 아침과 달 뜨는 저녁. 곧 경치가 좋은 시절을 말함.
- 花鳥風月 [화조풍월] 꽃과 새와 바람과 달이라는 뜻으로, 자연의 아름다운 경치를 이름.
- 和風暖陽 [화풍난양] 화창한 바람과 따뜻한 햇볕.
- 患難相救 [환난상구] 환란을 만났을 때 서로 구해 줌. ㉺ 患難相恤(환난상휼)
- 喜喜樂樂 [희희낙락] 매우 기뻐하고 즐거워함.

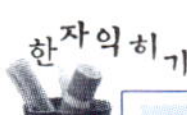

尊
높을 존
寸 〈총12획〉

[尊敬존경] 남의 훌륭한 행위나 인격 따위를 높여 공경함. ¶스승을 **존경**하다

[尊待존대] 받들어 대접하거나 대함. ↔ 하대 (下待)

[尊貴존귀] 지위나 신분 따위가 높고 귀함. ¶**존귀**하신 분

[尊重존중] 소중하게 여김. ¶여론을 **존중**하다

宗
마루 종
宀 〈총8획〉

[宗敎종교] 신이나 절대자를 인정해 숭배하고 받듦으로써 마음의 평안과 행복을 얻고자 하는 정신 문화의 한 체계.

[宗臣종신] 왕조 때, 나라에 큰 공을 세운 신하.

[宗家종가] 한 문중에서 맏이로만 이어 온 큰집. 종갓집.

[宗孫종손] 종가의 맏손자, 또는 종가의 대를 이을 자손.

走
달릴 주
走 〈총7획〉

[競走경주] 일정한 거리를 달음질하여 그 빠르기를 겨루는 운동. ¶단거리 **경주**

[走力주력] 달리는 힘. ¶**주력**이 뛰어나다

[走行주행] 주로 동력으로 움직이는 탈것이 달려감. ¶**주행** 속도

[暴走폭주] 함부로 난폭하게 달림. ¶자동차가 **폭주**하다

竹
대 죽
竹 〈총6획〉

[竹細工죽세공] 대를 재료로 하는 세공, 또는 그 제품.

[竹夫人죽부인] 여름 밤에 서늘한 기운이 돌게 하기 위하여 끼고 자는 대오리로 만든 기구.

[竹林죽림] 대나무 숲.

準
준할 준:
水 〈총13획〉

[準備준비] 필요한 것을 미리 마련하여 갖춤. ¶수험 **준비**

[基準기준] 기본이 되는 표준. ¶평가 **기준**

[準則준칙] 준거할 기준이 되는 규칙. ¶가정의례 **준칙**

[平準化평준화] 수준이 서로 차이 나지 않게 됨, 또는 그렇게 함. ¶실력의 **평준화**

尊	尊	尊	尊	尊	尊	尊	尊

尊 높을 존
八 竹 伶 貧 貧 尊 尊

宗	宗	宗	宗	宗	宗	宗	宗

宗 마루 종
丶 宀 宀 宇 宗 宗

走	走	走	走	走	走	走	走

走 달릴 주
一 十 土 丰 丰 走 走

竹	竹	竹	竹	竹	竹	竹	竹

竹 대 죽
丿 ト 卜 个 竹 竹

準	準	準	準	準	準	準	準

準 준할 준:
氵 汀 汀 洮 淮 淮 準 準

유형별한자

□ 반대자 · 상대자

加	더할	가	減	덜	감	加減	가감
京	서울	경	鄕	시골	향	京鄕	경향
高	높을	고	低	낮을	저	高低	고저
攻	칠	공	防	막을	방	攻防	공방
攻	칠	공	守	지킬	수	攻守	공수
功	공	공	過	허물	과	功過	공과

衆 무리 중:
血 〈총12획〉

[公衆공중] 사회의 여러 사람. 일반 사람들. ¶**공중** 도덕

[衆生중생] 많은 사람들. ¶**중생**을 구원하다

[觀衆관중] 구경거리를 보려고 모인 군중. ¶**관중**이 운집하다

[大衆대중] 신분 구별이 없이 한 사회의 대다수를 이루는 사람.

[民衆민중] 다수의 일반 국민. ¶**민중** 봉기

增 더할 증
土 〈총15획〉

[增加증가] 수나 양이 많아짐. ¶인원이 **증가**하다 ↔ 감소(減少)

[增進증진] 점점 더하여 가거나 나아감. ↔ 감퇴(減退)

[增強증강] 더 늘려 강화함. ¶병력을 **증강**하다

[增産증산] 생산량이 늚, 또는 늘림. ¶퇴비 **증산** ↔ 감산(減産)

[增設증설] 시설이나 설비 등을 늘려 설치함. ¶공장을 **증설**하다

支 지탱할 지
支 〈총4획〉

[支出지출] 어떤 목적을 위하여 돈이나 물건을 치러 줌. ¶생활
비 **지출** ↔ 수입(收入)

[支店지점] 본점에서 갈라져 나온 가게.

[支給지급] 돈이나 물품 따위를 정해진 몫만큼 내줌.

[度支部탁지부] 대한 제국 때 정부의 재무를 총괄하던 관아.

至 이를 지
至 〈총6획〉

[冬至동지] 이십사절기의 하나. 12월 22일경.

[至上지상] 더없이 높은 위. 최상(最上).
¶**지상** 목표

[至高지고] 더없이 뛰어남, 또는 더없이
훌륭함. ¶**지고**한 조화미

指 가리킬 지
手 〈총9획〉

[指定지정] 무엇을 어떻게 하라고 가리켜 정함.

[指名지명] 여러 사람 가운데서 누구의 이름을 꼭 따서 가리킴.
¶후계자를 **지명**하다

[指目지목] 어떠하다고 가리키어 정함.

[指向지향] 일정한 목표를 정하여 나아감. ¶정상을 **지향**하다

衆 | 衆 衆 衆 衆 衆 衆 衆
무리 **중:**
亠 血 血 宋 界 界 衆

增 | 增 增 增 增 增 增 增
더할 증
土 圹 圹 圹 增 增 增

支 | 支 支 支 支 支 支 支
지탱할 지
一 十 ナ 支

至 | 至 至 至 至 至 至 至
이를 지
一 工 五 至 至 至

指 | 指 指 指 指 指 指 指
가리킬 지
扌 扌 扩 拧 拮 指 指

유형별한자

官	벼슬	관	民	백성	민	官民	관민
吉	길할	길	凶	흉할	흉	吉凶	길흉
得	얻을	득	失	잃을	실	得失	득실
勞	일할	로	使	부릴	사	勞使	노사
利	이로울	리	害	해로울	해	利害	이해
明	밝을	명	暗	어두울	암	明暗	명암
文	글월	문	武	무사	무	文武	문무

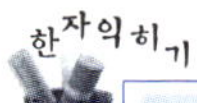

志 뜻 지
心 〈총7획〉

[志操지조] 원칙과 신념을 굽히지 않는 꿋꿋한 의지.

[有志유지] 어떤 일에 관심이나 뜻이 있는 사람.

[意志의지] 목적이 뚜렷한 생각. 뜻. ¶**의지**가 투철하다

[寸志촌지] ‘자기의 선물’ 을 겸손하게 이르는 말.

[志望지망] 뜻하여 바람, 또는 그 뜻. ¶정치가를 **지망**하다

職 벼슬 직
耳 〈총18획〉

[公職공직] 국가나 지방 공공 단체 등의 공적인 직무.

[職位직위] 직무상의 지위. ¶**직위**가 높다

[敎職교직] 학생을 가르치는 직무. ¶**교직**에 종사하다

[無職무직] 일정한 직업이 없음.

[前職전직] 이전에 가졌던 직업. ¶**전직** 교사 ↔ 현직(現職)

眞 참 진
目 〈총10획〉

[眞理진리] 참된 도리. 바른 이치. ¶**진리**를 깨닫다

[寫眞사진] 사진기로 물체의 화상을 찍어 내는 기술.

[眞率진솔] 진실하고 솔직함. ¶**진솔**한 대화

[眞實진실] 거짓이 없이 바르고 참됨. ¶**진실**한 사람

[眞善美진선미] ‘참다움 · 착함 · 아름다움’ 을 이르는 말.

進 나아갈 진:
辵 〈총12획〉

[進退진퇴] 나아감과 물러섬. ¶**진퇴**를 분명히 하다

[前進전진] 앞으로 나아감. ↔ 후진(後進) · 후퇴(後退)

[進路진로] 앞으로 나아가는 길. ¶**진로**를 개척하다

[進就진취] 일을 차차 이루어 감.

[進行진행] 앞으로 향하여 나아감. ¶천천히 **진행**하다

次 버금 차
欠 〈총6획〉

[次元차원] 어떤 일을 하거나 생각하거나 할 때의 처지.

[次男차남] 둘째 아들.

[次女차녀] 둘째 딸.

[次善차선] 최선의 다음, 또는 최선에 버금가는 좋은 방도.

[席次석차] 성적의 차례. ¶**석차**를 매기다

志	志	志	志	志	志	志	志

뜻 지
一 十 士 志 志 志 志

職	職	職	職	職	職	職	職

벼슬 직
ﾠ耳 耳 聯 職 職 職

眞	眞	眞	眞	眞	眞	眞	眞

참 진
ﾠ眞 眞 眞 眞 眞 眞 眞

進	進	進	進	進	進	進	進

나아갈 진:
亻 亻 亻 亻 隹 進 進

次	次	次	次	次	次	次	次

버금 차
丶 冫 冫 次 次 次

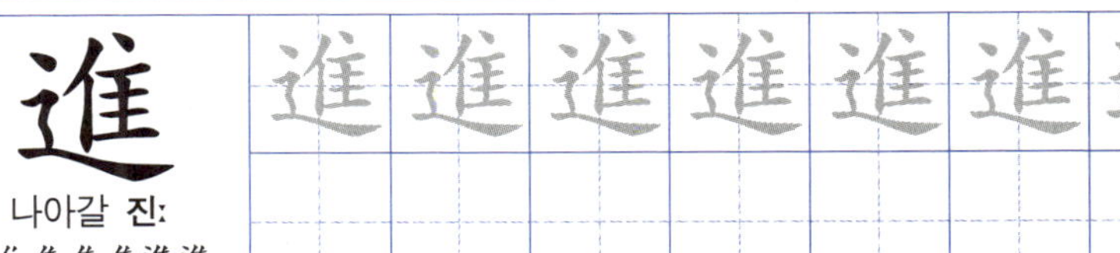

유형별 한자

發	필	발	着	붙을	착	發着	발착
背	등	배	恩	은혜	은	背恩	배은
本	근본	본	末	끝	말	本末	본말
夫	지아비	부	婦	지어미	부	夫婦	부부
貧	가난할	빈	富	부자	부	貧富	빈부
師	스승	사	弟	아우	제	師弟	사제
賞	상줄	상	罰	벌할	벌	賞罰	상벌

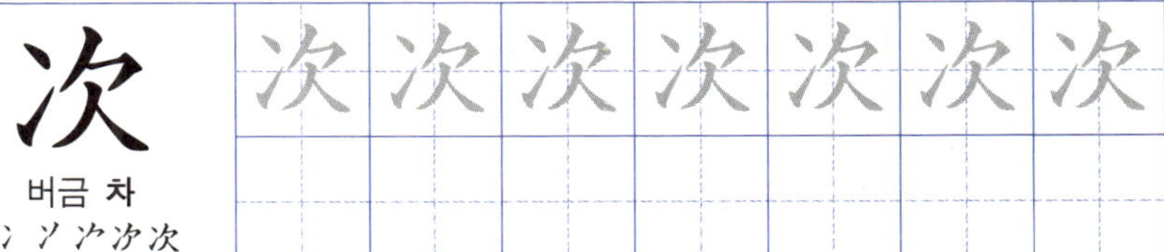

察
살필 **찰**
宀 〈총14획〉

[觀察관찰] 사물의 동태 따위를 주의 깊게 살펴봄.

[省察성찰] 자신이 한 일을 돌이켜 보고 깊이 생각함.

[觀察者관찰자] 관찰하는 사람.

[檢察검찰] 범죄를 수사하고 그 증거를 모으는 일. ¶**검찰** 수사

[査察사찰] 조사하여 살핌.

創
비롯할 **창:**
刀 〈총12획〉

[創始창시] 어떤 학설이나 사상 따위를 처음 시작하거나 내세움.

[創業창업] 사업을 처음 일으킴, 또는 그 기초를 닦음.

[創意창의] 새로운 생각이나 의견을 생각하여 냄, 또는 그 의견.

[創作창작] 예술 작품을 독창적으로 만들거나 표현하는 일.

[創制창제] 처음 만들거나 제정함. ¶훈민정음을 **창제**하다

處
곳 **처:**
虍 〈총11획〉
处

[處事처사] 일을 처리함, 또는 그 처리. ¶부당한 **처사**

[對處대처] 적당한 조처를 취함, 또는 그 취한 조처.

[處斷처단] 결단하여 처리함. ¶죄인을 법에 따라 **처단**하다

[處分처분] 처리하여 치움. ¶재산을 **처분**하다

[處理처리] 정리하여 치우거나 마무리를 지음. ¶일을 **처리**하다

請
청할 **청**
言 〈총15획〉

[強請강청] 억지로 짓궂게 청함.

[提請제청] 마땅한 사람을 추천하여 임명해 줄 것을 요청하는
일, 또는 그렇게 함.

[請求權청구권] 남에게 대하여 일정한 행위를 요구할 수 있는
권리.

銃
총 **총**
金 〈총14획〉

[銃殺총살] 총으로 쏘아 죽임. ¶**총살**에 처하다

[銃器총기] 소총이나 권총 따위 무기를
통틀어 이르는 말. ¶**총기**
소유

[銃口총구] 총구멍.

察 察 察 察 察 察 察 察

살필 **찰**
宀 宀 宀 宛 宛 察 察

創 創 創 創 創 創 創 創

비롯할 **창:**
人 今 今 今 今 倉 創

處 處 處 處 處 處 處 處

곳 **처:**
广 广 庐 庐 虏 處 處

請 請 請 請 請 請 請 請

청할 **청**
言 訁 計 請 請 請 請

銃 銃 銃 銃 銃 銃 銃 銃

총 **총**
人 今 牟 金 釒 銃 銃

유형별 한자

授	줄	수	受	받을	수	授受	수수
勝	이길	승	敗	패할	패	勝敗	승패
是	옳을	시	非	그를	비	是非	시비
新	새	신	舊	예	구	新舊	신구
逆	거스를	역	順	좇을	순	逆順	역순
玉	구슬	옥	石	돌	석	玉石	옥석
往	갈	왕	來	올	래	往來	왕래

總
다 총:
糸 〈총17획〉
総

[總理총리] '국무총리'의 준말. ¶**총리** 공관

[總選총선] '총선거'의 준말. ¶**총선** 출마

[總長총장] 종합 대학의 책임자. ¶대학 **총장**

[總論총론] 논문이나 저서의 첫머리에 그 대강을 적은 글.

[總務총무] 전체적이며 일반적인 사무, 또는 그 일을 맡은 사람.

蓄
모을 축
艹 〈총14획〉

[貯蓄저축] 절약해 모아 둠. ¶은행에 돈을 **저축**하다

[蓄財축재] 재물을 모음, 또는 모은 재산. ¶부정 **축재**

[備蓄비축] 만일의 경우에 대비하여 미리 모아 둠. ¶식량을 **비축**하다

築
쌓을 축
竹 〈총16획〉

[建築건축] 건물을 만드는 일, 또는 그 건물. ¶아파트를 **건축**하다

[新築신축] 새로 축조하거나 건축함. ¶사옥을 **신축**하다

[增築증축] 지금 있는 건물에 더 늘려서 지음. ¶학교 건물을 **증축**하다

忠
충성 충
心 〈총8획〉

[忠告충고] 남의 허물이나 결점 따위를 고치도록 타이름, 또는 그 말. 충언(忠言). ¶그의 **충고**에 따르다

[忠臣충신] 충성을 다하는 신하. 충성스러운 신하. ↔ 역신(逆臣)

[忠孝충효] '충성'과 '효도'를 아울러 이르는 말. ¶**충효** 사상

[忠直충직] 성실하고 정직함.

蟲
벌레 충
虫 〈총18획〉
虫

[蟲齒충치] 이의 단단한 조직이 미생물에 침해되어 상한 이. 벌레 먹어 상한 이. ¶**충치** 예방

[害蟲해충] 사람이나 농작물에 해가 되는 벌레를 통틀어 이르는 말. ¶**해충**을 박멸하다

[病蟲害병충해] 병균이나 해충으로 말미암아 입는 해.

總	總	總	總	總	總	總	總

다 총:
糸 糸 糿 紛 絢 絢 總 總

蓄	蓄	蓄	蓄	蓄	蓄	蓄	蓄

모을 축
艹 艹 莕 莕 蓄 蓄

築	築	築	築	築	築	築	築

쌓을 축
ʼ 竺 笁 筑 築 築 築

忠	忠	忠	忠	忠	忠	忠	忠

충성 충
丶 口 口 中 忠 忠 忠

蟲	蟲	蟲	蟲	蟲	蟲	蟲	蟲

벌레 충
口 口 中 虫 虫 蟲 蟲

유형별한자

陰	그늘	음	陽	볕	양	陰陽	음양
因	까닭	인	果	결과	과	因果	인과
自	스스로	자	他	다를	타	自他	자타
將	장수	장	兵	병사	병	將兵	장병
將	장수	장	卒	군사	졸	將卒	장졸
正	바를	정	誤	그르칠	오	正誤	정오
主	주인	주	客	손	객	主客	주객

取
가질 취:
又 〈총8획〉

[取消취소] 말한 것을 거두어들이거나 예정된 일을 없애 버림.

[取材취재] 기사 따위의 재료나 제재를 찾아서 얻음, 또는 그 일.
¶**취재** 활동

[取得稅취득세] 부동산이나 차량·선박·광업권 따위를 취득한 자에게 물리는 지방세.

測
헤아릴 측
水 〈총12획〉

[測量측량] 땅 위의 어떤 위치·각도·거리·방향 따위를 재어 그림으로 나타냄, 또는 그 작업. ¶토지 **측량**

[測定측정] 어떤 양의 크기를 기계나 장치로 잼. ¶수질 **측정**

[觀測관측] 자연 현상의 변화 따위를 관찰하여 측정함.

[測雨器측우기] 비가 온 분량을 측정하는 데 쓰는 기구.

治
다스릴 치
水 〈총8획〉

[統治통치] 나라나 지역을 도맡아 다스림. ¶**통치** 제도

[政治家정치가] 정치를 맡아서 하는 사람.

[治安치안] 국가와 사회의 안녕 질서를 보전하고 지켜 감. ¶**치안** 유지

置
둘 치:
网 〈총13획〉

[配置배치] 사람을 알맞은 자리에 나누어 앉힘. ¶인력 **배치**

[設置설치] 기계나 설비 따위를 마련하여 둠. ¶기계 **설치**

[留置유치] 남의 물건을 맡아 둠.

[位置위치] 일정한 곳에 자리를 차지함. 또는 그 자리. ¶**위치**를 정하다

齒
이 치
齒 〈총15획〉
齒

[年齒연치] '나이'의 높임말. 연세(年歲).

[齒科치과] 이를 전문으로 치료하고 연구하는 의학의 한 분과.
¶**치과** 의사

[齒藥치약] 이를 닦는 데 쓰는 약품. ¶불소 **치약**

[齒石치석] 이의 표면에 엉겨 붙어서 굳은 물질.

取	取	取	取	取	取	取	取
가질 취: 一 T F E 耳 取 取							

測	測	測	測	測	測	測	測
헤아릴 측 氵 氵 沪 沪 沪 測 測							

治	治	治	治	治	治	治	治
다스릴 치 氵 氵 氵 沪 治 治 治							

置	置	置	置	置	置	置	置
둘 치: 冖 冖 罒 罒 罜 置 置							

齒	齒	齒	齒	齒	齒	齒	齒
이 치 止 止 步 步 齿 齒 齒							

유형별한자

增	더할	증	減	덜	감	增減	증감
眞	참	진	假	거짓	가	眞假	진가
進	나아갈	진	退	물러날	퇴	進退	진퇴
豊	풍성할	풍	凶	흉년들	흉	豊凶	풍흉
寒	찰	한	暖	따뜻할	난	寒暖	한난
虛	빌	허	實	찰	실	虛實	허실
興	일어날	흥	亡	망할	망	興亡	흥망

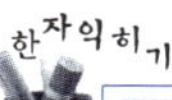

侵
침노할 **침**
人 〈총9획〉

[侵害침해] 침범하여 해를 끼침. ¶인권 **침해**

[不可侵불가침] 침범할 수 없음.

¶**불가침** 협정 조약

快
쾌할 **쾌**
心 〈총7획〉

[快樂쾌락] 기분이 좋고 즐거움. ¶**쾌락**에 빠지다

[快勝쾌승] 통쾌하게 이김. ↔ 참패(慘敗)

[輕快경쾌] 마음이 가뜬하고 상쾌함. ¶**경쾌**한 기분

[快擧쾌거] 가슴이 후련할 만큼 장한 일. ¶**쾌거**를 이루다

[明快명쾌] 분명하여 시원스러움. ¶**명쾌**한 답변

態
모습 **태:**
心 〈총14획〉

[態度태도] 몸의 동작이나 몸을 거두는 모양새. ¶올바른 **태도**

[事態사태] 일의 되어 가는 형편이나 상태. ¶**사태**가 나빠지다

[形態형태] 사물의 생긴 모양. 생김새. ¶동물의 **형태**

[態勢태세] 어떤 일을 앞두고 정신적·육체적으로 갖추어진 태도와 자세. ¶방위 **태세**

統
거느릴 **통:**
糸 〈총12획〉

[傳統전통] 지난날로부터 이어 내려오는 사상·관습·양식 등.

[統計통계] 한데 몰아서 셈함.

[統一통일] 나누어진 것들을 합쳐 하나의 완전한 것으로 만듦.

[正統정통] 정당한 혈통.

[統合통합] 모두 합쳐 하나로 만듦. ¶야당 **통합**

退
물러날 **퇴:**
辶 〈총10획〉

[退職퇴직] 현직에서 물러남. 직장을 그만둠.

[後退후퇴] 뒤로 물러감. ¶작전상의 **후퇴** ↔ 전진(前進)

[退出퇴출] 물러나서 나감.

[退院퇴원] 입원했던 환자가 병원에서 나옴. ↔ 입원(入院)

[退任퇴임] 임무에서 물러남. ¶정년 **퇴임**

侵
침노할 **침**
亻 亻 侵 侵 侵 侵 侵

快
쾌할 **쾌**
丶 丶 忄 忄 忰 快 快

態
모습 **태:**
厶 户 育 育 能 能 態

統
거느릴 **통:**
幺 幺 糸 紵 紵 紵 統

退
물러날 **퇴:**
㇀ ㇉ 艮 艮 㣺 退 退

유형별한자

□ 유의자

街	거리	가	道	길	도	街道	가도
街	거리	가	路	길	로	街路	가로
歌	노래	가	謠	노래	요	歌謠	가요
監	볼	감	視	볼	시	監視	감시
健	굳셀	건	康	편안할	강	健康	건강
境	지경	경	界	지경	계	境界	경계

波 물결 파
水 〈총8획〉

[電波전파] 도체 중의 전류가 진동함으로써 방사되는 전자기파.
¶**전파**를 보내다

[寒波한파] 겨울철에 한랭 전선이 몰아닥쳐 기온이 급격하게 떨어지는 현상. ↔ 난파(暖波)

破 깨뜨릴 파:
石 〈총10획〉

[破産파산] 가산을 모두 날려 버림. 도산(倒産)
¶화재로 **파산**하다

[打破타파] 비합리적인 규율이나 관습 따위를 깨뜨려 버림. ¶악습을 **타파**하다

布 베/펼 포(:)
보시 보:
巾 〈총5획〉

[布施보시] 가난한 사람에게 돈이나 물품을 베풂.

[布告포고] 일반에게 널리 알림. ¶선전 **포고**

[公布공포] 일반에게 널리 알림. ¶선생님께서 시험 날짜를 공**포**하셨다

[配布배포] 널리 나누어 줌. ¶유인물을 **배포**하다

包 쌀 포(:)
勹 〈총5획〉

[包容포용] 남을 아량 있고 너그럽게 감싸 받아들임. ¶그는 포**용**의 폭이 넓다

[小包소포] 조그마하게 포장한 물건. '소포 우편'의 준말.

[包有포유] 싸서 가지고 있음.

砲 대포 포:
石 〈총10획〉

[銃砲총포] 총의 종류와 포의 종류를 통틀어 이르는 말.

[祝砲축포] 행사에서 축하의 뜻으로 쏘는 총이나 대포의 공포(空砲). ¶**축포**를 쏘다

[砲兵隊포병대] 포병으로 조직된 부대.

波	波	波	波	波	波	波	波
물결 파							
氵氵氵沪沪波波							

破	破	破	破	破	破	破	破
깨뜨릴 파:							
丆石石砂破破破							

布	布	布	布	布	布	布	布
베/펼 포(:), 보시 보:							
丿ナ才右布							

包	包	包	包	包	包	包	包
쌀 포(:)							
丿勹勺匀包							

砲	砲	砲	砲	砲	砲	砲	砲
대포 포:							
一丆石石砭砲砲							

유형별 한자

經	지날	경	過	지날	과	經過	경과
經	지날	경	歷	지낼	력	經歷	경력
京	서울	경	都	도읍	도	京都	경도
競	다툴	경	爭	다툴	쟁	競爭	경쟁
空	빌	공	虛	빌	허	空虛	공허
具	갖출	구	備	갖출	비	具備	구비
記	기록할	기	錄	기록할	록	記錄	기록

暴
사나울 폭
모질 포
日 〈총15획〉

[暴惡포악] 사납고 악함. ¶**포악**한 행동

[暴動폭동] 집단적 폭력을 일으켜서 사회의 안녕을 해치는 일.

[暴力폭력] 육체적 손상 및 정신적·심리적 압박을 주는 완력.

[暴利폭리] 지나치게 많이 남기는 부당한 이익. ¶**폭리**를 남기다

[暴風폭풍] 몹시 세차게 부는 바람. ¶**폭풍**이 불어 닥치다

票
표 표
示 〈총11획〉

[票決표결] 투표로써 결정함. ¶안건을 **표결**에 부치다

[賣票매표] 표를 팖.

[暗票암표] 정상적인 유통 과정을 거치지 않은 암거래표.

[傳票전표] 은행·회사·상점 따위에서 금전 출납이나 거래 내용 따위를 간단히 적은 쪽지. ¶입금 **전표**

豊
풍년 풍
豆 〈총13획〉

[豊年풍년] 농사가 잘된 해. ¶**풍년**을 기원하다 ↔ 흉년(凶年)

[大豊대풍] 곡식이 썩 잘된 풍작, 또는 그러한 해. ¶**대풍**이 들다

[豊滿풍만] 넉넉하고 그득함.

[豊作풍작] 풍년이 들어 잘된 농사. ↔ 흉작(凶作)

[豊足풍족] 매우 넉넉하여 모자람이 없음. ¶**풍족**한 생활

限
지경 한:
阜 〈총9획〉

[限界한계] 사물의 정하여진 범위. ¶책임 **한계**를 분명히 하다

[局限국한] 범위를 일정 부분에 한정함. ¶국내에 **국한**하다

[時限시한] 어떤 일을 하는 데의 시간의 한계. ¶예정된 **시한**

[限度한도] 일정하게 정한 정도. ¶**한도**를 정하다

[限定한정] 제한하여 정함.

航
배 항:
舟 〈총10획〉

[航路항로] '해로(海路)'와 '항공로'를 두루 이르는 말.

[航進항진] 배나 항공기를 타고 앞으로 나아감.

[航空항공] 항공기 따위로 공중을 날아서 다님. ¶**항공** 산업

[航海항해] 배를 타고 바다를 다님.

[缺航결항] 비행기나 선박이 정기적인 운항을 거름.

暴 사나울 폭/모질 포
丶口日旦昗昗暴 暴 暴 暴 暴 暴 暴 暴

票 표 표
一西西更更票票 票 票 票 票 票 票 票

豐 풍년 풍
丨曰曰曲曲曲豊豐 豊 豊 豊 豊 豊 豊 豊

限 지경 한:
阝阝阝阝限限限 限限限限限限限

航 배 항:
丿刀月月角舟舟航 航航航航航航航

유형별한자

技	재주	기	術	재주	술	技術	기술
斷	끊을	단	絕	끊을	절	斷絕	단절
單	홑	단	獨	홀로	독	單獨	단독
談	말씀	담	話	말씀	화	談話	담화
羅	벌일	라	列	벌릴	렬	羅列	나열
連	이을	련	結	맺을	결	連結	연결
連	이을	련	續	이을	속	連續	연속

港
항구 항:
水 〈총12획〉

[港口항구] 바닷가에 배를 댈 수 있도록 시설해 놓은 곳.
¶**항구**에 도착하다

[空港공항] 항공 수송을 위하여 사용하는
공공용 비행장. ¶국제 **공항**

[漁港어항] 어선의 어업 기지가 되는 항구.

解
풀 해:
角 〈총13획〉
觧

[見解견해] 어떤 사물이나 현상에 대한 의견이나 생각.

[和解화해] 다툼을 그치고 풂. ¶**화해**를 청하다

[解氷해빙] 얼음이 풀림. ↔ 결빙(結氷)

[解消해소] 이제까지의 일이나 관계 따위를 지워 없앰.

[理解이해] 사리를 분별하여 앎. ¶**이해**가 깊다

香
향기 향
香 〈총9획〉

[香水향수] 향료를 알코올 따위에 풀어서 만든 액체 화장품의 한
가지. ¶**향수**를 뿌리다

[香氣향기] 꽃이나 향 따위에서 나는 기분 좋은 냄새.

[香料향료] 향기를 내는 물질. 향을 만드는 감.

[暗香암향] 그윽히 풍겨 오는 향기.

鄕
시골 향
邑 〈총13획〉

[京鄕경향] 서울과 시골.

[同鄕동향] 같은 고향. 한 고향. ¶**동향** 친구

[他鄕타향] 자기 고향이 아닌 다른 고장. 객지(客地). ¶**타향**에서
살아가다

[望鄕망향] 고향을 그리워함.

虛
빌 허
虍 〈총12획〉
虛

[虛實허실] 거짓과 참. ¶**허실**을 가리다

[虛空허공] 텅 빈 공중. ¶멍하니 **허공**만 바라보다

[虛費허비] 헛되이 씀, 또는 그 비용. ¶돈을 **허비**하다

[虛言허언] 실속이 없는 빈말, 또는 빈말을 함. 거짓말.

[空虛공허] 속이 텅 빔. ¶마음이 **공허**하다

港	港	港	港	港	港	港	港
항구 항: 氵氵汢汢洪洪港							

解	解	解	解	解	解	解	解
풀 해: ク角角解解解解							

香	香	香	香	香	香	香	香
향기 향 一二千禾禾香香							

鄕	鄕	鄕	鄕	鄕	鄕	鄕	鄕
시골 향 ク乡糸糸鄕鄕							

虛	虛	虛	虛	虛	虛	虛	虛
빌 허 广虍虐虚虚虚							

유형별한자

門	문	문	戶	지게문	호	門戶	문호
物	만물	물	件	물건	건	物件	물건
法	법	법	律	법칙	률	法律	법률
法	법	법	則	법칙	칙	法則	법칙
思	생각	사	想	생각	상	思想	사상
思	생각	사	考	생각할	고	思考	사고
素	바탕	소	質	바탕	질	素質	소질

驗
시험 **험:**
馬 〈총23획〉

驗

[經驗경험] 실지로 보고 듣고 겪는 일. ¶**경험**을 얻다

[實驗실험] 실제로 경험하거나 시험함, 또는 그 경험이나 시험.

[體驗체험] 몸소 경험함, 또는 그 경험. ¶귀중한 **체험**

[效驗효험] 일의 좋은 보람. 효력. ¶**효험**이 있다

[受驗生수험생] 입학 시험 따위를 치르는 사람.

賢
어질 **현**
貝 〈총15획〉

賢

[賢明현명] 어질고 사리에 밝음. ¶**현명**한 생각

[賢母현모] 어진 어머니. 현명한 어머니. ¶**현모** 양처

[先賢선현] 옛 현인. 선철(先哲). ¶**선현**의 가르침

[聖賢성현] 성인과 현인. ¶**성현**의 가르침

[賢人현인] 어진 사람. 현명한 사람.

血
피 **혈**
血 〈총6획〉

[無血무혈] 피를 흘리지 않음, 또는 싸우지 아니함. ¶**무혈** 점령

[血氣혈기] 격동하기 쉽거나 왕성한 의기(意氣). ¶왕성한 **혈기**

[血壓혈압] 혈액이 혈관 속을 흐를 때 생기는 압력.

[血統혈통] 같은 핏줄을 타고난 겨레붙이의 계통. ¶왕가의 **혈통**

協
화할 **협**
十 〈총8획〉

[協助협조] 남이 하는 일을 거들어 줌. ¶하는 일에 **협조**하다

[農協농협] '농업 협동조합' 의 준말.

[協議협의] 여럿이 모여 의논함. 협상. ¶대책을 **협의**하다

[協商협상] 협의(協議).

[協定협정] 협의하여 결정함. ¶양국 간에 **협정**을 맺다

惠
은혜 **혜:**
心 〈총12획〉

[天惠천혜] 하늘이 베풀어 준 은혜, 곧 자연의 은혜. ¶**천혜**의 관광 자원

[特惠특혜] 특별히 베푸는 혜택. ¶**특혜**를 주다

驗 시험 험: Ｆ 馬 馬 駖 駖 驗 驗	驗	驗	驗	驗	驗	驗	驗
賢 어질 현 Ｆ 臣 臤 臤 臤 賢 賢	賢	賢	賢	賢	賢	賢	賢
血 피 혈 ノ 亇 亇 血 血 血	血	血	血	血	血	血	血
協 화할 협 一 十 忄 忄 協 協 協	協	協	協	協	協	協	協
惠 은혜 혜: 丆 戸 百 車 車 惠 惠	惠	惠	惠	惠	惠	惠	惠

유형별한자

施	베풀	시	設	베풀	설	施設	시설
試	시험	시	驗	시험	험	試驗	시험
始	비로소	시	初	처음	초	始初	시초
眼	눈	안	目	눈	목	眼目	안목
恩	은혜	은	惠	은혜	혜	恩惠	은혜
音	소리	음	聲	소리	성	音聲	음성
意	뜻	의	志	뜻	지	意志	의지

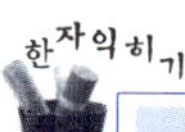

戶
집/지게문 호:
戶 〈총4획〉

[門戶문호] '외부와 교류하기 위한 통로나 수단'을 비유하여 이르는 말. ¶**문호**를 개방하다
[窓戶창호] 창과 문을 아울러 이르는 말.
[戶主호주] 한 집안의 주장이 되는 사람. 가장(家長). 집주인.

呼
부를 호
口 〈총8획〉

[呼價호가] 팔거나 사려는 물건의 값을 부름. ¶천만 원을 **호가**하는 물건
[呼吸호흡] 숨을 내쉬고 들이마심, 또는 그 숨.
[呼應호응] 부름이나 호소 따위에 대답하거나 응함.
[呼出호출] 전화나 전신 따위의 신호로 상대편을 부르는 일.

好
좋을 호:
女 〈총6획〉

[好惡호악] 좋음과 나쁨.
[好意호의] 남에게 보이는 친절한 마음씨. 선의(善意). ↔ 악의(惡意)
[好材호재] 시세의 상승 요인이 되는 조건. ↔ 악재(惡材)
[好感호감] 좋게 여기는 감정. ¶**호감**이 가는 사람

護
도울/지킬 호:
言 〈총21획〉

[保護보호] 위험 따위로부터 약한 것을 잘 돌보아 지킴.
[救護구호] 어려움에 처해 있는 사람 등을 도와 보호함.
[護送호송] 죄인 따위를 감시하면서 데려감. ¶범인을 **호송**하다
[護身術호신술] 위험으로부터 자기의 몸을 보호하기 위한 무술.
[守護수호] 중요한 사람이나 처소 등을 지키고 보호함.

貨
재물 화:
貝 〈총11획〉

[通貨통화] 한 나라 안에서 통용되고 있는 화폐.
[百貨백화] 여러 가지 상품이나 재화.
[貨物화물] 기차나 배·자동차 따위의 수송 수단으로 운송할 때의 '짐'을 이르는 말. ¶**화물**을 발송하다
[財貨재화] 돈과 값나가는 물건. 재물(財物). ¶**재화**를 모으다

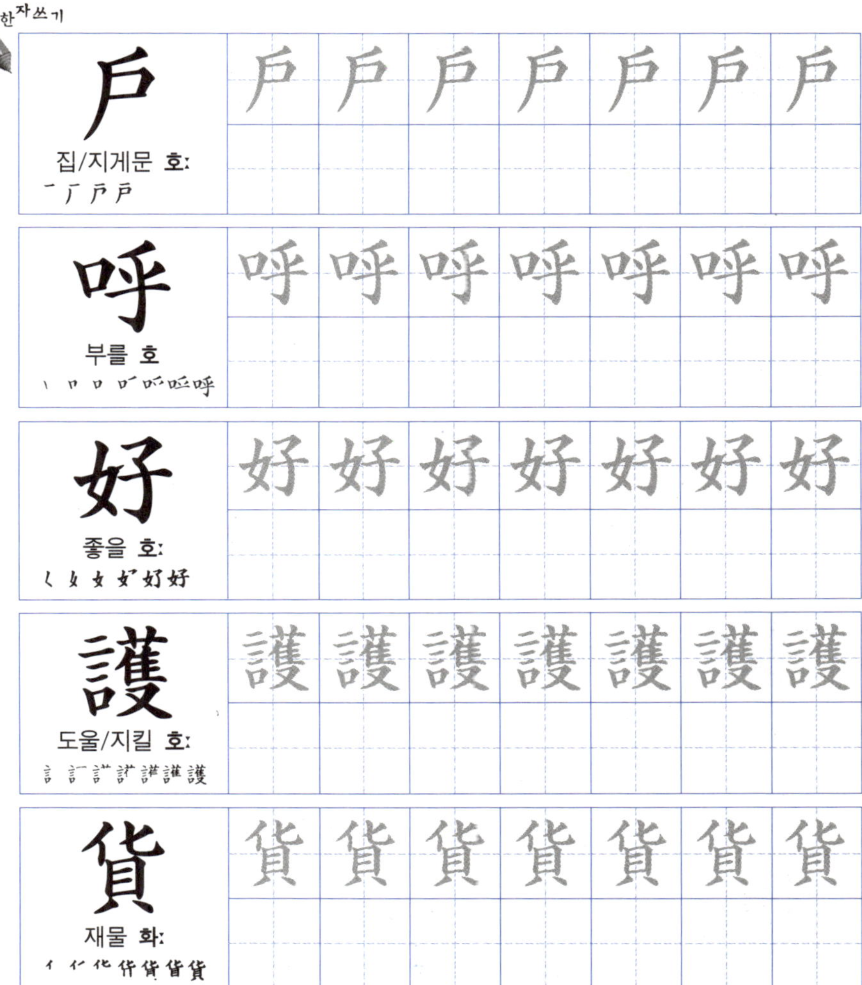

戶 집/지게문 호: 一 丆 尹 戶	戶	戶	戶	戶	戶	戶	戶
呼 부를 호 丶 口 口 吖 吽 呼 呼	呼	呼	呼	呼	呼	呼	呼
好 좋을 호: 乚 夂 女 女了 好 好	好	好	好	好	好	好	好
護 도울/지킬 호: 言 訂 討 詳 護 護 護	護	護	護	護	護	護	護
貨 재물 화: 亻 亻亻 化 伫 貨 貨 貨	貨	貨	貨	貨	貨	貨	貨

유형별한자

引	끌	인	導	인도할	도	引導	인도
認	알	인	識	알	식	認識	인식
製	지을	제	造	지을	조	製造	제조
停	머무를	정	止	그칠	지	停止	정지
增	더할	증	加	더할	가	增加	증가
知	알	지	識	알	식	知識	지식
清	맑을	청	潔	깨끗할	결	清潔	청결

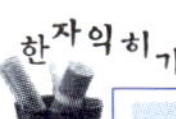

確
굳을 **확**
石 〈총15획〉

[**確言**확언] 확실하게 말함. 또는 그런 말. ¶승리를 **확언**했다
[**正確**정확] 바르고 확실함. ¶**정확**한 시간
[**確固**확고] 태도나 상황 따위가 확실하고 굳음. ¶**확고**한 결심
[**確保**확보] 확실하게 보유함. ¶증거를 **확보**하다
[**確信**확신] 굳게 믿음. 확실히 믿음. ¶**확신**이 서다

回
돌아올 **회**
囗 〈총6획〉

[**回答**회답] 물음에 대하여 대답함, 또는 그 대답. ¶**회답**이 오다
[**回想**회상] 지난 일을 돌이켜 생각함. ¶**회상**에 잠기다
[**回復**회복] 이전의 상태로 돌아옴, 또는 이전의 상태로 돌이킴. ¶경기 **회복**
[**回送**회송] 도로 돌려보냄. 반송(返送). ¶물건을 **회송**하다

吸
마실 **흡**
口 〈총7획〉

[**吸收**흡수] 빨아들임. ¶기름을 **흡수**하다
[**吸引力**흡인력] 빨아들이거나 끌어당기는 힘.
[**吸入**흡입] 빨아들임.
[**吸血**흡혈] 피를 빨아들임.

興
일 **흥**(:)
臼 〈총16획〉
興

[**興亡**흥망] 국가나 민족 따위가 흥하는 일과 망하는 일.
[**餘興**여흥] 모임이 끝난 후 흥을 돋우기 위해 하는 연예나 오락.
[**興信所**흥신소] 고객의 요청에 따라 기업이나 개인 재산 및 신용 따위를 비밀히 조사해 알려 주는 일을 하는 곳.
[**復興**부흥] 쇠하였던 것이 다시 일어남. ¶경제 **부흥**

希
바랄 **희**
巾 〈총7획〉

[**希望**희망] 어떤 일을 이루거나 얻고자 기대하고 바람. 소망(所望). ¶큰 **희망**을 품다
[**希求**희구] 바라며 구함. ¶생명을 **희구**하다
[**希念**희념] 바라고 염원함.

한자 쓰기

한자							
確 굳을 **확** 丆石矿矿碎碎碎	確	確	確	確	確	確	確
回 돌아올 **회** 丨冂冂冋回回	回	回	回	回	回	回	回
吸 마실 **흡** 丨口口吸吸吸	吸	吸	吸	吸	吸	吸	吸
興 일 **흥(ː)** 丨臼臼卸卸卸興興	興	興	興	興	興	興	興
希 바랄 **희** 丿乂爻产产希希	希	希	希	希	希	希	希

유형별 한자

充	찰	충	滿	찰	만	充滿	충만
退	물러날	퇴	去	갈	거	退去	퇴거
寒	찰	한	冷	찰	랭	寒冷	한랭
虛	빌	허	空	빌	공	虛空	허공
確	굳을	확	固	굳을	고	確固	확고
休	쉴	휴	息	쉴	식	休息	휴식
希	바랄	희	望	바랄	망	希望	희망

한자	훈 음		급수	한자	훈 음		급수
價	값	가	5	健	굳셀	건:	5
街	거리	가(:)	4Ⅱ	件	물건	건	5
假	거짓	가:	4Ⅱ	建	세울	건:	5
歌	노래	가	7	檢	검사할	검:	4Ⅱ
加	더할	가	5	格	격식	격	5
可	옳을	가:	5	見	볼 견: / 뵈올	현:	5
家	집	가	7	決	결단할	결	5
各	각각	각	6	潔	깨끗할	결	4Ⅱ
角	뿔	각	6	結	맺을	결	5
間	사이	간(:)	7	缺	이지러질	결	4Ⅱ
感	느낄	감:	6	輕	가벼울	경	5
減	덜	감:	4Ⅱ	警	경계할	경:	4Ⅱ
監	볼	감	4Ⅱ	慶	경사	경:	4Ⅱ
江	강	강	7	敬	공경	경:	5
講	강론할	강:	4Ⅱ	競	다툴	경:	5
强	강할	강(:)	6	景	볕	경(:)	5
康	편안	강	4Ⅱ	京	서울	경	6
改	고칠	개:	5	境	지경	경	4Ⅱ
個	낱	개(:)	4Ⅱ	經	지날/글	경	4Ⅱ
開	열	개	6	係	맬	계:	4Ⅱ
客	손	객	5	計	셀	계:	6
去	갈	거:	5	界	지경	계:	6
擧	들	거:	5	告	고할	고:	5
車	수레	거/차	7	固	굳을	고	5

한자	훈 음		급수	한자	훈 음		급수
高	높을	고	6	球	공	구	6
考	생각할	고(:)	5	區	구분할	구	6
苦	쓸	고	6	救	구원할	구:	5
故	연고	고(:)	4Ⅱ	求	구할	구	4Ⅱ
古	예	고:	6	句	글귀	구	4Ⅱ
曲	굽을	곡	5	九	아홉	구	8
功	공	공	6	究	연구할	구	4Ⅱ
公	공평할	공	6	舊	예	구:	5
空	빌	공	7	口	입	구(:)	7
工	장인	공	7	國	나라	국	8
共	한가지	공:	6	局	판	국	5
科	과목	과	6	郡	고을	군:	6
課	공부할/과정	과(:)	5	軍	군사	군	8
果	실과	과:	6	宮	집	궁	4Ⅱ
過	지날	과:	5	權	권세	권	4Ⅱ
關	관계할	관	5	貴	귀할	귀:	5
官	벼슬	관	4Ⅱ	規	법	규	5
觀	볼	관	5	極	극진할	극	4Ⅱ
廣	넓을	광:	5	近	가까울	근:	6
光	빛	광	6	根	뿌리	근	6
敎	가르칠	교:	8	禁	금할	금:	4Ⅱ
橋	다리	교	5	今	이제	금	6
交	사귈	교	6	急	급할	급	6
校	학교	교:	8	級	등급	급	6
具	갖출	구(:)	5	給	줄	급	5

한자	훈	음	급수	한자	훈	음	급수
器	그릇	기	4Ⅱ	斷	끊을	단:	4Ⅱ
記	기록할	기	7	端	끝	단	4Ⅱ
期	기약할	기	5	壇	단	단	5
氣	기운	기	7	團	둥글	단	5
旗	깃발	기	7	檀	박달나무	단	4Ⅱ
己	몸	기	5	短	짧을	단(:)	6
汽	물끓는김	기	5	單	홑	단	4Ⅱ
起	일어날	기	4Ⅱ	達	통달할	달	4Ⅱ
技	재주	기	5	談	말씀	담	5
基	터	기	5	擔	멜	담	4Ⅱ
吉	길할	길	5	答	대답	답	7
金	쇠 금 / 성	김	8	當	마땅	당	5
暖	따뜻할	난:	4Ⅱ	黨	무리	당	4Ⅱ
難	어려울	난(:)	4Ⅱ	堂	집	당	6
南	남녘	남	8	待	기다릴	대:	6
男	사내	남	7	代	대신	대:	6
內	안	내:	7	對	대할	대:	6
女	계집	녀	8	帶	띠	대(:)	4Ⅱ
年	해	년	8	隊	무리	대	4Ⅱ
念	생각	념:	5	大	큰	대(:)	8
怒	성낼	노:	4Ⅱ	德	큰/덕	덕	5
努	힘쓸	노	4Ⅱ	圖	그림/꾀할	도	6
農	농사	농	7	道	길/말할	도:	7
能	능할	능	5	都	도읍	도	5
多	많을	다	6	度	법도 도(:)/헤아릴 탁		6

한자	훈 음		급수	한자	훈 음		급수
島	섬	도	5	來	올	래(:)	7
到	이를	도:	5	冷	찰	랭:	5
導	인도할	도:	4Ⅱ	兩	두	량:	4Ⅱ
督	감독할	독	4Ⅱ	量	헤아릴	량	5
毒	독	독	4Ⅱ	良	어질	량	5
讀	읽을독/구절	두	6	麗	고울	려	4Ⅱ
獨	홀로	독	5	旅	나그네	려	5
冬	겨울	동(:)	7	歷	지날	력	5
洞	골 동: / 통할 통		7	力	힘	력	7
銅	구리	동	4Ⅱ	連	이을	련	4Ⅱ
東	동녘	동	8	練	익힐	련:	5
童	아이	동:	6	列	벌릴	렬	4Ⅱ
動	움직일	동:	7	領	거느릴	령	5
同	한가지	동	7	令	하여금	령(:)	5
斗	말	두	4Ⅱ	例	법식	례:	6
頭	머리	두	6	禮	예도	례:	6
豆	콩	두	4Ⅱ	路	길	로:	6
得	얻을	득	4Ⅱ	老	늙을	로:	7
燈	등	등	4Ⅱ	勞	일할	로	5
等	무리	등:	6	錄	기록할	록	4Ⅱ
登	오를	등	7	綠	푸를	록	6
羅	벌일	라	4Ⅱ	論	논할	론	4Ⅱ
落	떨어질	락	5	料	헤아릴	료(:)	5
樂	즐길 락/노래 악/좋아할 요		6	留	머무를	류	4Ⅱ
朗	밝을	랑:	5	類	무리	류(:)	5

한자	훈	음	급수	한자	훈	음	급수
流	흐를	류	5	毛	터럭	모	4Ⅱ
陸	뭍	륙	5	木	나무	목	8
六	여섯	륙	8	目	눈	목	6
律	법칙	률	4Ⅱ	牧	칠/기를	목	4Ⅱ
理	다스릴	리:	6	無	없을	무	5
里	마을	리:	7	武	호반/무사	무:	4Ⅱ
李	오얏/성	리:	6	務	힘쓸	무:	4Ⅱ
利	이로울	리:	6	文	글월	문	7
林	수풀	림	7	聞	들을	문:	6
立	설	립	7	門	문	문	8
馬	말	마:	5	問	물을	문:	7
萬	일만	만:	8	物	물건	물	7
滿	찰	만(:)	4Ⅱ	味	맛	미	4Ⅱ
末	끝	말	5	米	쌀	미	6
亡	망할	망	5	未	아닐	미(:)	4Ⅱ
望	바랄	망:	5	美	아름다울	미(:)	6
每	매양	매(:)	7	民	백성	민	8
買	살	매:	5	密	빽빽할	밀	4Ⅱ
賣	팔	매(:)	5	博	넓을	박	4Ⅱ
脈	줄기	맥	4Ⅱ	朴	성/소박할	박	6
面	낯	면:	7	班	나눌	반	6
命	목숨	명:	7	反	돌이킬	반:	6
明	밝을	명	6	半	반	반:	6
名	이름	명	7	發	필	발	6
母	어미	모:	8	放	놓을	방(:)	6

한자	훈	음	급수	한자	훈	음	급수
防	막을	방	4Ⅱ	服	옷	복	6
方	모	방	7	本	근본	본	6
房	방	방	4Ⅱ	奉	받들	봉:	5
訪	찾을	방:	4Ⅱ	部	떼	부	6
倍	곱	배:	5	府	마을	부(:)	4Ⅱ
配	나눌/짝	배:	4Ⅱ	婦	며느리	부	4Ⅱ
背	등	배:	4Ⅱ	副	버금	부:	4Ⅱ
拜	절	배:	4Ⅱ	富	부자	부:	4Ⅱ
百	일백	백	7	不	아닐	불/부	7
白	흰	백	8	父	아버지	부	8
番	차례	번	6	夫	지아비	부	7
罰	벌할	벌	4Ⅱ	復	회복할 복 / 다시 부:		4Ⅱ
伐	칠	벌	4Ⅱ	北	북녘 북 / 달아날 배		8
法	법	법	5	分	나눌	분(:)	6
壁	벽	벽	4Ⅱ	佛	부처	불	4Ⅱ
邊	가	변	4Ⅱ	備	갖출	비:	4Ⅱ
變	변할	변:	5	比	견줄	비:	5
別	다를/나눌	별	6	飛	날	비	4Ⅱ
病	병	병:	6	悲	슬플	비:	4Ⅱ
兵	병사	병	5	費	쓸	비:	5
報	갚을/알릴	보:	4Ⅱ	非	아닐	비:	4Ⅱ
步	걸음	보:	4Ⅱ	鼻	코	비:	5
寶	보배	보:	4Ⅱ	貧	가난할	빈	4Ⅱ
保	지킬	보(:)	4Ⅱ	氷	얼음	빙	5
福	복	복	5	四	넉	사:	8

한자	훈	음	급수	한자	훈	음	급수
社	모일	사	6	商	장사	상	5
寫	베낄	사	5	狀	형상 상 / 문서	장:	4Ⅱ
史	사기	사:	5	色	빛	색	7
謝	사례할	사(:)	4Ⅱ	生	날	생	8
思	생각	사(:)	5	書	글/책	서	6
士	선비	사:	5	西	서녘	서	8
仕	섬길	사(:)	5	序	차례	서:	5
師	스승	사	4Ⅱ	石	돌	석	6
事	일	사:	7	席	자리	석	6
寺	절	사	4Ⅱ	夕	저녁	석	7
査	조사할	사	5	選	가릴	선:	5
死	죽을	사:	6	鮮	고울	선	5
舍	집	사	4Ⅱ	先	먼저	선	8
使	하여금/부릴	사:	6	船	배	선	5
産	낳을	산:	5	仙	신선	선	5
山	메	산	8	線	줄	선	6
算	셈	산:	7	善	착할	선:	5
殺	죽일 살 / 감할	쇄:	4Ⅱ	雪	눈	설	6
三	석	삼	8	說	말씀 설 / 달랠	세:	5
常	떳떳할/항상	상	4Ⅱ	設	베풀	설	4Ⅱ
床	상	상	4Ⅱ	星	별	성	4Ⅱ
賞	상줄	상	5	省	살필 성 / 덜	생	6
想	생각	상:	4Ⅱ	城	성/재	성	4Ⅱ
相	서로/정승	상	5	姓	성	성:	7
上	위	상:	7	聖	성인	성:	4Ⅱ

한자	훈	음	급수	한자	훈	음	급수
性	성품	성:	5	樹	나무	수	6
盛	성할	성:	4Ⅱ	修	닦을	수	4Ⅱ
聲	소리	성	4Ⅱ	首	머리	수	5
成	이룰	성	6	水	물	수	8
誠	정성	성	4Ⅱ	受	받을	수	4Ⅱ
細	가늘	세:	4Ⅱ	數	셈 수: / 자주	삭	7
稅	세금	세:	4Ⅱ	手	손	수(:)	7
洗	씻을	세:	5	授	줄	수	4Ⅱ
世	인간	세:	7	守	지킬	수	4Ⅱ
歲	해	세:	5	宿	잘 숙 / 별자리	수:	5
勢	형세	세:	4Ⅱ	純	순수할	순	4Ⅱ
所	바	소:	7	順	순할	순:	5
素	본디/흴	소(:)	4Ⅱ	術	재주/꾀	술	6
消	사라질	소	6	習	익힐	습	6
掃	쓸	소(:)	4Ⅱ	勝	이길	승	6
笑	웃음	소:	4Ⅱ	承	이을	승	4Ⅱ
小	작을	소:	8	詩	시	시	4Ⅱ
少	적을	소:	7	時	때	시	7
束	묶을	속	5	施	베풀	시:	4Ⅱ
速	빠를	속	6	示	보일	시:	5
續	이을	속	4Ⅱ	視	볼	시:	4Ⅱ
俗	풍속	속	4Ⅱ	始	비로소	시:	6
孫	손자	손(:)	6	試	시험	시(:)	4Ⅱ
送	보낼	송:	4Ⅱ	是	이/옳을	시:	4Ⅱ
收	거둘	수	4Ⅱ	市	저자	시:	7

한자	훈 음		급수	한자	훈 음		급수
食	밥/먹을	식	7	液	진	액	4Ⅱ
式	법	식	6	野	들	야:	6
息	쉴/아들	식	4Ⅱ	夜	밤	야:	6
植	심을	식	7	約	맺을	약	5
識	알 식 / 기록할 지		5	藥	약	약	6
神	귀신	신	6	弱	약할	약	6
身	몸	신	6	養	기를	양:	5
信	믿을	신:	6	陽	볕	양	6
新	새	신	6	羊	양	양	4Ⅱ
臣	신하	신	5	洋	큰바다	양	6
申	알릴/납	신	4Ⅱ	魚	고기/물고기	어	5
實	열매	실	5	漁	고기잡을	어	5
失	잃을	실	6	語	말씀	어:	7
室	집/방	실	8	億	억	억	5
深	깊을	심	4Ⅱ	言	말씀	언	6
心	마음	심	7	業	업	업	6
十	열	십	8	如	같을	여	4Ⅱ
兒	아이	아	5	餘	남을	여	4Ⅱ
惡	악할 악 / 미워할 오		5	逆	거스릴	역	4Ⅱ
眼	눈	안:	4Ⅱ	研	갈	연:	4Ⅱ
案	책상/상고할	안:	5	然	그럴	연	7
安	편안	안	7	煙	연기/담배	연	4Ⅱ
暗	어두울	암:	4Ⅱ	演	펼	연:	4Ⅱ
壓	누를	압	4Ⅱ	熱	더울	열	5
愛	사랑	애:	6	葉	잎	엽	5

한자	훈	음	급수	한자	훈	음	급수
永	길	영:	6	雲	구름	운	5
英	꽃부리	영	6	運	옮길	운:	6
榮	영화	영	4Ⅱ	雄	수컷	웅	5
藝	재주	예:	4Ⅱ	園	동산	원	6
誤	그르칠	오:	4Ⅱ	圓	둥글	원	4Ⅱ
午	낮	오:	7	遠	멀	원:	6
五	다섯	오:	8	原	언덕	원	5
玉	구슬	옥	4Ⅱ	願	원할	원:	5
屋	집	옥	5	元	으뜸	원	5
溫	따뜻할	온	6	員	인원	원	4Ⅱ
完	완전할	완	5	院	집/관청	원	5
往	갈	왕:	4Ⅱ	月	달	월	8
王	임금	왕	8	偉	클	위	5
外	바깥	외:	8	位	자리	위	5
要	구할/요긴할	요	5	衛	지킬	위	4Ⅱ
謠	노래	요	4Ⅱ	爲	할	위(:)	4Ⅱ
曜	빛날	요	5	油	기름	유	6
浴	목욕할	욕	5	由	말미암을	유	6
勇	날랠	용:	6	有	있을	유:	7
用	쓸	용:	6	肉	고기	육	4Ⅱ
容	얼굴/받아들일	용:	4Ⅱ	育	기를	육	7
友	벗	우:	5	銀	은	은	6
雨	비	우:	5	恩	은혜	은	4Ⅱ
牛	소	우	5	陰	그늘	음	4Ⅱ
右	오른	우:	7	飲	마실	음:	6

한자	훈 음		급수	한자	훈 음		급수
音	소리	음	6	子	아들	자	7
邑	고을	읍	7	昨	어제	작	6
應	응할	응:	4Ⅱ	作	지을	작	6
意	뜻	의:	6	章	글	장	6
義	옳을	의:	4Ⅱ	長	긴/어른	장(:)	8
衣	옷	의	6	場	마당	장	7
議	의논할	의	4Ⅱ	障	막을	장	4Ⅱ
醫	의원	의	6	將	장수/장차	장(:)	4Ⅱ
耳	귀	이:	5	再	두/다시	재:	5
二	두	이:	8	在	있을	재:	6
以	써	이:	5	材	재목	재	5
移	옮길	이	4Ⅱ	財	재물	재	5
益	더할	익	4Ⅱ	災	재앙	재	5
引	끌	인	4Ⅱ	才	재주	재	6
印	도장	인	4Ⅱ	爭	다툴	쟁	5
人	사람	인	8	低	낮을	저:	4Ⅱ
認	알	인	4Ⅱ	貯	쌓을	저:	5
因	인할	인	5	的	과녁	적	5
日	날/해	일	8	敵	대적할	적	4Ⅱ
一	한	일	8	赤	붉을	적	5
任	맡길	임(:)	5	田	밭	전	4Ⅱ
入	들	입	7	電	번개/전기	전:	7
字	글자	자	7	典	법/책	전:	5
者	놈/사람	자	6	戰	싸움	전:	6
自	스스로	자	7	前	앞	전	7

한자	훈 음		급수	한자	훈 음		급수
全	온전	전	7	第	차례	제:	6
傳	전할	전	5	調	고를	조	5
展	펼	전:	5	助	도울	조:	4Ⅱ
絶	끊을	절	4Ⅱ	鳥	새	조	4Ⅱ
切	끊을 절 / 온통	체	5	朝	아침	조	6
節	마디	절	5	早	일찍	조:	4Ⅱ
店	가게	점:	5	操	잡을	조(:)	5
接	이을	접	4Ⅱ	造	지을	조:	4Ⅱ
程	한도/길	정	4Ⅱ	祖	할아버지	조	7
庭	뜰	정	6	族	겨레	족	6
情	뜻	정	5	足	발	족	7
停	머무를	정	5	尊	높을	존	4Ⅱ
正	바를	정(:)	7	卒	마칠/군사	졸	5
政	정사	정	4Ⅱ	宗	마루	종	4Ⅱ
精	정할	정	4Ⅱ	終	마칠	종	5
定	정할	정:	6	種	씨	종(:)	5
濟	건널	제:	4Ⅱ	左	왼	좌:	7
提	끌	제	4Ⅱ	罪	허물	죄:	5
除	덜	제	4Ⅱ	州	고을	주	5
制	절제할	제:	4Ⅱ	晝	낮	주	6
弟	아우	제:	8	走	달릴	주	4Ⅱ
題	제목	제	6	注	부을	주:	6
祭	제사	제:	4Ⅱ	住	살	주:	7
際	즈음	제	4Ⅱ	主	임금/주인	주	7
製	지을	제:	4Ⅱ	週	주일/돌	주	5

한자	훈 음		급수	한자	훈 음		급수
竹	대	죽	4Ⅱ	創	비롯할	창:	4Ⅱ
準	준할	준:	4Ⅱ	窓	창	창	6
中	가운데	중	8	責	꾸짖을	책	5
重	무거울	중:	7	處	곳	처:	4Ⅱ
衆	무리	중:	4Ⅱ	川	내	천	7
增	더할	증	4Ⅱ	千	일천	천	7
指	가리킬	지	4Ⅱ	天	하늘	천	7
止	그칠	지	5	鐵	쇠	철	5
地	땅	지	7	淸	맑을	청	6
志	뜻	지	4Ⅱ	請	청할	청	4Ⅱ
知	알	지	5	靑	푸를	청	8
至	이를	지	4Ⅱ	體	몸	체	6
紙	종이	지	7	初	처음	초	5
支	지탱할	지	4Ⅱ	草	풀	초	7
直	곧을	직	7	寸	마디	촌:	8
職	벼슬	직	4Ⅱ	村	마을	촌:	7
進	나아갈	진:	4Ⅱ	總	다	총:	4Ⅱ
眞	참	진	4Ⅱ	銃	총	총	4Ⅱ
質	바탕	질	5	最	가장	최:	5
集	모을	집	6	秋	가을	추	7
次	버금	차	4Ⅱ	蓄	모을	축	4Ⅱ
着	붙을	착	5	祝	빌	축	5
察	살필	찰	4Ⅱ	築	쌓을	축	4Ⅱ
參	참여할 참 / 석	삼	5	春	봄	춘	7
唱	부를	창:	5	出	날	출	7

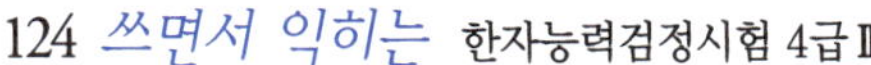

한자	훈 음		급수	한자	훈 음		급수
蟲	벌레	충	4Ⅱ	特	특별할	특	6
充	채울	충	5	破	깨뜨릴	파:	4Ⅱ
忠	충성	충	4Ⅱ	波	물결	파	4Ⅱ
取	가질	취:	4Ⅱ	板	널	판	5
測	헤아릴	측	4Ⅱ	八	여덟	팔	8
治	다스릴	치	4Ⅱ	敗	패할	패:	5
置	둘	치:	4Ⅱ	便	편할 편(:) / 똥,오줌 변		7
齒	이	치	4Ⅱ	平	평평할	평	7
致	이를	치:	5	砲	대포	포:	4Ⅱ
則	법칙 칙 / 곧 즉		5	布	베,펼 포(:) / 보시 보:		4Ⅱ
親	친할	친	6	包	쌀	포(:)	4Ⅱ
七	일곱	칠	8	暴	사나울 폭 / 모질 포		4Ⅱ
侵	침노할	침	4Ⅱ	表	겉	표	6
快	쾌할	쾌	4Ⅱ	票	표	표	4Ⅱ
他	다를	타	5	品	물건	품:	5
打	칠	타:	5	風	바람	풍	6
卓	높을	탁	5	豊	풍년	풍	4Ⅱ
炭	숯	탄:	5	必	반드시	필	5
態	모습	태:	4Ⅱ	筆	붓	필	5
太	클/처음	태	6	河	물	하	5
宅	집	택/댁	5	下	아래	하:	7
土	흙	토	8	夏	여름	하:	7
統	거느릴	통:	4Ⅱ	學	배울	학	8
通	통할	통	6	限	지경	한:	4Ⅱ
退	물러날	퇴:	4Ⅱ	寒	찰	한	5

한자	훈 음		급수	한자	훈 음		급수
韓	한국/나라	한(:)	8	號	이름/부를	호:	6
漢	한수/한나라/놈	한:	7	好	좋을	호:	4Ⅱ
合	합할	합	6	戶	집/지게문	호:	4Ⅱ
航	배	항:	4Ⅱ	湖	호수	호	5
港	항구	항:	4Ⅱ	花	꽃	화	7
海	바다	해:	7	化	될	화(:)	5
解	풀	해:	4Ⅱ	話	말씀	화	7
害	해할	해:	5	火	불	화(:)	8
行	다닐 행(:) / 항렬 항(:)		6	貨	재물	화:	4Ⅱ
幸	다행	행:	6	和	화할	화	6
鄕	시골	향	4Ⅱ	畫	그림 화: / 그을 획		6
香	향기	향	4Ⅱ	確	굳을	확	4Ⅱ
向	향할	향:	6	患	근심	환:	5
虛	빌	허	4Ⅱ	活	살	활	7
許	허락	허	5	黃	누를	황	6
驗	시험	험:	4Ⅱ	回	돌아올	회	4Ⅱ
現	나타날	현:	6	會	모일	회:	6
賢	어질	현	4Ⅱ	效	본받을	효:	5
血	피	혈	4Ⅱ	孝	효도	효:	7
協	화할	협	4Ⅱ	後	뒤	후:	7
形	모양	형	6	訓	가르칠	훈:	6
兄	형/맏	형	8	休	쉴	휴	7
惠	은혜	혜:	4Ⅱ	凶	흉할	흉	5
護	도울/지킬	호:	4Ⅱ	黑	검을	흑	5
呼	부를	호	4Ⅱ	吸	마실	흡	4Ⅱ

한자	훈 음		급수	한자	훈 음		급수
興	일	흥(:)	4Ⅱ				
希	바랄	희	4Ⅱ				
한자	훈 음		급수	한자	훈 음		급수
興	일	흥(:)	4Ⅱ				
希	바랄	희	4Ⅱ				

1획			
一	한 일	ㄷ	상자 방(터진입구)
丨	뚫을 곤	十	열 십
丶	불똥 주(점)	卜	점 복
ノ	삐침 별(삐침)	卩(㔾)	병부 절(마디절)
乙	새 을	厂	굴바위 엄(민엄호)
亅	갈고리 궐	厶	사사 사(마늘 모)
		又	또 우

2획		3획	
二	두 이	口	입 구
亠	머리 두(돼지해밑)	囗	에울 위(큰입구)
人(亻)	사람 인(인변)	土	흙 토
儿	어진 사람 인	士	선비 사
入	들 입	夂	뒤져올 치
八	여덟 팔	夊	천천히 걸을 쇠
冂	멀 경(멀경몸)	夕	저녁 석
冖	덮을 멱(민갓머리)	大	큰 대
冫	얼음 빙(이수변)	女	계집 녀
几	안석 궤(책상궤)	子	아들 자
凵	입벌릴 감(위터진입구)	宀	집 면(갓머리)
刀(刂)	칼 도(선칼도)	寸	마디 촌
力	힘 력	小	작을 소
勹	쌀 포	尢(兀)	절음발이 왕
匕	비수 비	尸	주검 시
匸	감출 혜(터진에운담)	屮	싹날 철(왼손좌)

부수	명칭	부수	명칭
山	메 산	方	모 방
巛(川)	내 천(개미허리)	无(旡)	없을 무(이미기방)
工	장인 공	日	날 일
己	몸 기	月	달 월
巾	수건 건	曰	가로 왈
干	방패 간	木	나무 목
幺	작을 요	欠	하품 흠
广	집 엄(엄호)	止	그칠 지
廴	길게걸을 인(민책받침)	歹(歺)	뼈앙상할 알(죽을사변)
廾	손 맞잡을 공(밑스물입)	殳	칠 수(갖은등글월문)
弋	주살 익	毋	말 무
弓	활 궁	比	견줄 비
彐(彑)	돼지머리 계(터진가로왈)	毛	터럭 모
彡	터럭 삼(삐친석삼)	氏	성씨 씨(각시씨)
彳	자축거릴 척(중인변)	气	기운 기
		水(氵)	물 수(삼수변)
4획		火(灬)	불 화
心(忄)	마음 심(심방변)	爪(爫)	손톱 조
戈	창 과	父	아버지 부(아비부)
戶	지게 호(문호)	爻	사귈 효(점괘효)
手(扌)	손 수(재방변)	爿	조각널 장(장수장변)
支	지탱할 지	片	조각 편
攴(攵)	두드릴 복(등글월문)	牙	어금니 아
文	글월 문	牛(牜)	소 우
斗	말 두	犬(犭)	개 견(개사슴록변)
斤	도끼 근(날근변)		

	5획		6획
玄	검을 현	竹	대 죽
玉(王)	구슬 옥	米	쌀 미
瓜	오이 과	糸	실 사
瓦	기와 와	缶	장군 부
甘	달 감	网(罒)	그물 망
生	날 생	羊	양 양
用	쓸 용	羽	깃 우
田	밭 전	老(耂)	늙을 로
疋	발 소(짝필변)	而	말 이을 이
疒	병들 녁(병질엄)	耒	쟁기 뢰
癶	걸을 발(필발머리)	耳	귀 이
白	흰 백	聿	붓 율
皮	가죽 피	肉(月)	고기 육(육달월변)
皿	그릇 명	臣	신하 신
目	눈 목	自	스스로 자
矛	창 모	至	이를 지
矢	화살 시	臼	절구 구(확구)
石	돌 석	舌	혀 설
示(礻)	보일 시	舛	어그러질 천
禸	짐승 발자국 유	舟	배 주
禾	벼 화	艮	그칠 간
穴	구멍 혈	色	빛 색
立	설 립	艸(艹)	풀 초(초두)
		虍	범의 문채 호(범호)
		虫	버러지 훼(벌레충)

血	피 혈		**8획**
行	다닐 행	金	쇠 금
衣(衤)	옷 의	長(镸)	긴 장
襾	덮을 아	門	문 문
		阜(阝)	언덕 부(좌부방)
	7획	隶	밑 이
見	볼 견	隹	새 추
角	뿔 각	雨	비 우
言	말씀 언	靑	푸를 청
谷	골 곡	非	아닐 비
豆	콩 두		
豕	돼지 시		**9획**
豸	발 없는 벌레 치	面	낯 면
貝	조개 패	革	가죽 혁
赤	붉을 적	韋	가죽 위
走	달아날 주	韭	부추 구
足	발 족	音	소리 음
身	몸 신	頁	머리 혈
車	수레 거	風	바람 풍
辛	매울 신	飛	날 비
辰	별 진	食	밥 식
辵(辶)	쉬엄쉬엄갈 착(책받침)	首	머리 수
邑(阝)	고을 읍(우부방)	香	향기 향
酉	닭 유		
釆	분별할 변		**10획**
里	마을 리	馬	말 마

骨	뼈 골	鼠	쥐 서
高	높을 고		
髟	머리늘어질 표(터럭발)	**14획**	
鬪	싸움 투	鼻	코 비
鬯	술 창	齊	가지런할 제
鬲	오지병 격		
鬼	귀신 귀	**15획**	
		齒	이 치
11획			
魚	물고기 어	**16획**	
鳥	새 조	龍	용 룡
鹵	소금밭 로	龜	거북 귀(구)
鹿	사슴 록		
麥	보리 맥	**17획**	
麻	삼 마	龠	피리 약
12획			
黃	누를 황		
黍	기장 서		
黑	검을 흑		
黹	바느질 치		
13획			
黽	맹꽁이 맹		
鼎	솥 정		
鼓	북 고		

기출 및 예상문제

4급 Ⅱ

1 다음 漢字語의 讀音을 쓰시오.(1~35)

(1) 過去	(2) 興味	(3) 詩人	(4) 建物	(5) 研究
(6) 液體	(7) 曲直	(8) 關心	(9) 觀光	(10) 豊年
(11) 公衆	(12) 規則	(13) 基地	(14) 單純	(15) 放送
(16) 冷溫	(17) 流水	(18) 音聲	(19) 眼目	(20) 康健
(21) 幸福	(22) 費用	(23) 正確	(24) 施行	(25) 街路
(26) 精密	(27) 商品	(28) 統計	(29) 支出	(30) 思想
(31) 敎師	(32) 素材	(33) 全員	(34) 課程	(35) 次元

2 다음 문장에서 밑줄 친 漢字語를 漢字로 쓰시오.(36~46)

(36) 자유에는 반드시 책임이 뒤따른다.

(37) 친구의 생일을 축하해 주기 위해 축가를 불렀다.

(38) 독도는 우리 나라의 영토이다.

(39) 누가 우리 반 반장이 될지 기대가 된다.

(40) 다른 사람을 위하여 봉사하는 정신이 중요하다.

(41) 어느덧 세월이 흘러 십 년이 지났다.

(42) 경기가 시작되기 전에 모든 사람들이 국기에 대한 경례를 했다.

(43) 여러 가지 방법 중에서 이 방법이 제일 낫다.

(44) 우리 학교의 학생 회장은 안현수 군으로 결정되었다.

(45) 민수는 병원에서 처방전을 받아 약국에 가서 약을 샀다.

(46) 모든 선거는 깨끗하게 치러야 한다.

3   다음 漢字語를 漢字로 쓰시오.(47~55)

(47) 유가(석유의 가격)

(48) 합격(자격 시험 따위에 붙음)

(49) 귀중(매우 소중함)

(50) 빙하(얼음이 얼어붙은 강)

(51) 선의(좋은 뜻)

(52) 견문(보고 들음)

(53) 설경(눈이 내리는 경치)

(54) 고백(마음속에 숨기고 있던 것을 털어놓음)

(55) 필담(글로 써서 의사를 통함)

4   다음 漢字의 訓과 音을 쓰시오.(56~77)

(56) 創	(57) 改	(58) 恩	(59) 暖	(60) 念
(61) 得	(62) 質	(63) 港	(64) 豆	(65) 星
(66) 官	(67) 非	(68) 訪	(69) 産	(70) 設
(71) 視	(72) 俗	(73) 田	(74) 玉	(75) 考
(76) 洗	(77) 店			

5   다음 ( )에 알맞은 漢字를 써서 漢字語를 완성하시오.(78~82)

(78) 起( )回生 : 거의 죽을 뻔하다가 다시 살아남.

(79) 文房四( ) : 서재에 갖추어야 할 네 가지 벗, 곧 종이 · 붓 · 벼루 · 먹.

(80) 燈下不( ) : 가까이 있는 것은 도리어 알아내기 어려움.

(81) 弱肉強( ) : 약한 자는 강한 자에게 잡혀 먹힘.

(82) 九( )一毛 : 많은 것 가운데에서 극히 적은 것.

6   다음 漢字와 반대 또는 상대되는 漢字를 ( )에 넣어 漢字語를 만드시오.(83~85)

(83) ( ) ↔ 無   (84) ( ) ↔ 客   (85) 始 ↔ ( )

7   다음 漢字와 뜻이 같거나 비슷한 漢字를 ( )에 넣어 漢字語를 만드시오.(86~88)

(86) ( )語   (87) 海( )   (88) ( )服

8 다음 漢字語와 讀音은 같으나 뜻이 다른 漢字語를 쓰시오.(同音異義語).(89~91)

(89) 技士 — (　　　) : 사실을 적음.
(90) 舊典 — (　　　) : 말로 전함.
(91) 實收 — (　　　) : 부주의로 잘못을 저지름.

9 다음 漢字의 부수를 쓰시오.(92~94)

(92) 固　　　　　　(93) 貧　　　　　　(94) 週

10 다음 漢字의 略字(약자)를 쓰시오.(95~97)

(95) 會　　　　　　(96) 廣　　　　　　(97) 當

11 다음 漢字語의 뜻을 쓰시오.(98~100)

(98) 往來
(99) 快樂
(100) 識別

1 다음 漢字語의 讀音을 쓰시오.(1~35)

(1) 記錄　　(2) 會議　　(3) 進退　　(4) 提示　　(5) 法規

(6) 淸潔　　(7) 殺生　　(8) 朝鮮　　(9) 萬歲　　(10) 發展

(11) 確言　　(12) 賞罰　　(13) 鐵路　　(14) 田園　　(15) 港口

(16) 必要　　(17) 順行　　(18) 應答　　(19) 技術　　(20) 情報

(21) 態度　　(22) 非理　　(23) 禁煙　　(24) 具體　　(25) 結局

(26) 引上　　(27) 主客　　(28) 空想　　(29) 奉仕　　(30) 擔當

(31) 富貴　　(32) 歌謠　　(33) 見解　　(34) 公職　　(35) 消息

2 다음 문장에서 밑줄 친 漢字語를 漢字로 쓰시오.(36~46)

(36) 소연이는 명랑한 성격이다.

(37) 한 번 실패에 너무 실망하지 말아라.

(38) 형제들 사이에서 우애 있게 지내야 한다.

(39) 현수가 다니는 학원의 원장 선생님은 매우 엄격하시다.

(40) 등교할 때에는 교복을 착용해야 한다.

(41) 우리는 우주선을 만들 수 있는 능력이 있다.

(42) 시내에는 대형 서점들이 많이 있다.

(43) 자나깨나 불조심을 하자.

(44) 모든 일은 완성할 때까지 열심히 해야 한다.

(45) 말과 행동을 통해 그 사람의 성품을 알 수 있다.

(46) 우리 민족은 혈통이 같은 단일민족이다.

3 다음 漢字語를 漢字로 쓰시오.(47~55)

(47) 경중(가벼움과 무거움)

(48) 고가(값이 비쌈)

(49) 타의(다른 생각)

(50) 재물(돈과 값나가는 물건)

(51) 상선(상업을 위해 항해하는 배)

(52) 한기(추운 기운)

(53) 결정(결단을 내려 확정함)

(54) 일체(모든 것)

(55) 강화(모자라는 점을 보완하여 이제까지보다 더 튼튼하게 함)

4 다음 漢字의 訓과 音을 쓰시오.(56~77)

(56) 査	(57) 血	(58) 婦	(59) 檢	(60) 廣
(61) 細	(62) 減	(63) 終	(64) 送	(65) 初
(66) 肉	(67) 豊	(68) 羊	(69) 島	(70) 善
(71) 寺	(72) 暗	(73) 造	(74) 流	(75) 請
(76) 慶	(77) 忠			

5 다음 ( )에 알맞은 漢字를 써서 漢字語를 완성하시오.(78~82)

(78) 不問( )知 : 묻지 않고도 알 수 있음.

(79) 博學多( ) : 학식이 대단히 넓고 아는 것이 많음.

(80) 美風( )俗 : 아름답고 좋은 풍속.

(81) 難( )難弟 : 두 사람의 실력이 엇비슷함.

(82) 百害( )益 : 오직 해로울 뿐 이로움은 전혀 없음.

6 다음 漢字와 반대 또는 상대되는 漢字를 ( )에 넣어 漢字語를 만드시오.(83~85)

(83) ( ) ↔ 直 (84) ( ) ↔ 末 (85) 冷 ↔ ( )

7 다음 漢字와 뜻이 같거나 비슷한 漢字를 ( )에 넣어 漢字語를 만드시오.(86~88)

(86) 思( ) (87) 停( ) (88) ( )話

8 다음 漢字語와 讀音은 같으나 뜻이 다른 漢字語를 쓰시오.(同音異義語).(89~91)

(89) 家産 — (　　　　) : 더하여 셈함.

(90) 時調 — (.　　　　) : 한 겨레나 가계의 맨 처음이 되는 조상.

(91) 社告 — (　　　　) : 뜻밖에 일어난 사건이나 탈.

9 다음 漢字의 부수를 쓰시오.(92~94)

(92) 留　　　　　　(93) 房　　　　　　(94) 未

10 다음 漢字의 略字(약자)를 쓰시오.(95~97)

(95) 參　　　　　　(96) 傳　　　　　　(97) 實

11 다음 漢字語의 뜻을 쓰시오.(98~100)

(98) 配給

(99) 貯蓄

(100) 舊屋

1　다음 漢字語의 讀音을 쓰시오.(1~35)

(1) 商街	(2) 興亡	(3) 訪問	(4) 關係	(5) 性質
(6) 政治	(7) 建設	(8) 法則	(9) 制限	(10) 寒害
(11) 通貨	(12) 文化	(13) 衛星	(14) 代價	(15) 鐵板
(16) 技士	(17) 測量	(18) 相殺	(19) 廣告	(20) 形態
(21) 收入	(22) 戰船	(23) 可能	(24) 保安	(25) 觀察
(26) 協助	(27) 旅客	(28) 淸掃	(29) 新羅	(30) 醫師
(31) 事件	(32) 進步	(33) 課稅	(34) 京鄕	(35) 內容

2　다음 문장에서 밑줄 친 漢字語를 漢字로 쓰시오.(36~46)

(36) 음악 소리가 선명하게 들려온다.

(37) 설안산의 최고봉은 대청봉이다.

(38) 길이 막혀서 약속 시간보다 1시간이나 늦게 도착하였다.

(39) 그 사람은 많은 재물을 모아 두었다.

(40) 어려운 이웃에게 온정을 베풀 줄 아는 사람이 되어야 한다.

(41) 박물관에는 우리 나라의 전통 예술품들이 많이 전시되어 있다.

(42) 웃는 사람에게 행복이 온다고 하였다.

(43) 도로에서 과속을 하면 사고날 위험이 높다.

(44) 삼촌을 따라 저수지 낚시터에 갔다.

(45) 현수는 월말 고사에서 수석을 차지하였다.

(46) 우리 나라가 월드컵에서 우승하는 광경을 상상해 본다.

3 다음 漢字語를 漢字로 쓰시오.(47~55)

(47) 종말(맨 끝)

(48) 가공(원료나 재료에 손을 더 대어 새로운 물건을 만듦)

(49) 연세('나이'의 높임말)

(50) 조화(대립이나 어긋남이 없이 서로 잘 어울림)

(51) 자타(저와 남)

(52) 대결(두 사람이 맞서서 이기고 짐)

(53) 생산(생활에 필요한 물건을 만듦)

(54) 과실(열매)

(55) 시초(맨 처음)

4 다음 漢字의 訓과 흡을 쓰시오.(56~77)

(56) 蟲	(57) 料	(58) 舊	(59) 將	(60) 奉
(61) 味	(62) 隊	(63) 葉	(64) 列	(65) 低
(66) 敗	(67) 早	(68) 好	(69) 志	(70) 許
(71) 斗	(72) 器	(73) 聲	(74) 毛	(75) 益
(76) 處	(77) 罪			

5 다음 ( )에 알맞은 漢字를 써서 漢字語를 완성하시오.(78~82)

(78) ( )利思義 : 이로움을 보면 의리에 합당한가를 생각하라는
　　　　　　　　뜻.

(79) 父傳子( ) : 대대로 아버지가 아들에게 전함.

(80) 竹( )故友 : 어릴 때에 같이 놀며 자란 벗.

(81) 信( )必罰 : 공이 있는 자에게는 반드시 상을 주고, 죄가 있
　　　　　　　는 자에게는 반드시 벌을 줌.

(82) 一( )兩得 : 한 가지 일을 하여 두 가지 이득을 본다는 말.

6 다음 漢字와 반대 또는 상대되는 漢字를 ( )에 넣어 漢字語를 만드시오.(83~85)

(83) 陸 ↔ ( )　　　　(84) ( ) ↔ 凶　　　　(85) 賣 ↔ ( )

7 다음 漢字와 뜻이 같거나 비슷한 漢字를 ( )에 넣어 漢字語를 만드시오.(86~88)

(86) 眼( )　　　　(87) ( )謠　　　　(88) ( )虛

8 다음 漢字語와 讀音은 같으나 뜻이 다른 漢字語를 쓰시오.(同音異義語).(89~91)

(89) 經費 — (　　　) : 만일에 대비하여 경계하고 지킴.

(90) 家庭 — (　　　) : 사실이 아니거나 또는 사실인지 아닌지 분명하지 않은 것을 임시로 인정함.

(91) 寺院 — (　　　) : 회사에 근므하는 사람.

9 다음 漢字의 부수를 쓰시오.(92~94)

(92) 牛　　　　　(93) 順　　　　　(94) 監

10 다음 漢字의 略字(약자)를 쓰시오.(95~97)

(95) 體　　　　　(96) 寫　　　　　(97) 團

11 다음 漢字語의 뜻을 쓰시오.(98~100)

(98) 陰陽

(99) 無敵

(100) 育兒

1 다음 漢字語의 讀音을 쓰시오.(1~35)

(1) 當番	(2) 單獨	(3) 改名	(4) 政府	(5) 材料
(6) 唱法	(7) 感謝	(8) 特效	(9) 卓見	(10) 念願
(11) 保護	(12) 操作	(13) 逆境	(14) 擧行	(15) 切斷
(16) 說話	(17) 長官	(18) 復活	(19) 節電	(20) 豊富
(21) 團體	(22) 慶祝	(23) 感謝	(24) 權勢	(25) 缺席
(26) 早起	(27) 增減	(28) 監督	(29) 軍隊	(30) 寺院
(31) 築城	(32) 郡守	(33) 童謠	(34) 印度	(35) 規制

2 다음 문장에서 밑줄 친 漢字語를 漢字로 쓰시오.(36~46)

(36) <u>충실</u>한 노력 없이 좋은 결과는 없다.

(37) 소연이는 글짓기 대회에 <u>참가</u>하여 장려상을 받았다.

(38) 여름철에는 에어컨의 사용으로 전력 <u>소비</u>량이 많다.

(39) 백화점에는 다양한 <u>상품</u>들이 진열되어 있다.

(40) 현수 아버지는 <u>성질</u>이 무척 온화하다.

(41) 이 디지털 카메라는 <u>최근</u>에 개발한 신제품이다.

(42) 현아는 반장의 <u>책임</u>을 맡아 어깨가 무겁다고 하였다.

(43) 세월은 <u>유수</u>와 같다고들 한다.

(44) 생활하는 데에 꼭 <u>필요</u>한 것을 생필품이라고 한다.

(45) 그는 농촌에 <u>정착</u>하여 살기로 하였다.

(46) 그는 외국인을 친절하게 <u>안내</u>해 주었다.

3 다음 漢字語를 漢字로 쓰시오.(47~55)

(47) 가곡(노래)

(48) 야경(밤의 경치)

(49) 사고(회사에서 내는 광고)

(50) 소망(바라는 바)

(51) 원가(제품의 생산이나 공급에 쓰인 순수 비용)

(52) 분류(사물을 공통되는 성질에 따라 종류별로 가름)

(53) 다복(복이 많음)

(54) 귀족(사회적으로 특권을 지닌 상류 계급)

(55) 세면(얼굴을 씻음)

4 다음 漢字의 訓과 音을 쓰시오.(56~77)

(56) 祭	(57) 期	(58) 笑	(59) 俗	(60) 橋
(61) 伐	(62) 求	(63) 比	(64) 留	(65) 察
(66) 齒	(67) 練	(68) 香	(69) 退	(70) 指
(71) 再	(72) 佛	(73) 麗	(74) 賢	(75) 驗
(76) 養	(77) 鐵			

5 다음 ( )에 알맞은 漢字를 써서 漢字語를 완성하시오.(78~82)

(78) ( )前燈火 : 매우 위급한 상태에 있음.

(79) ( )草報恩 : 죽어서까지라도 은혜를 잊지 않음.

(80) 一( )二鳥 : 한 가지의 일을 하여 두 가지의 이익을 거둠.

(81) 有備( )患 : 모든 일에 미리 준비가 되어 있으면 근심이 없음.

(82) 衆( )難防 : 여러 사람의 말은 다 막기가 어려움.

6 다음 漢字와 반대 또는 상대되는 漢字를 ( )에 넣어 漢字語를 만드시오.(83~85)

(83) 利 ↔ ( ) (84) 勝 ↔ ( ) (85) ( ) ↔ 惡

7 다음 漢字와 뜻이 같거나 비슷한 漢字를 ( )에 넣어 漢字語를 만드시오.(86~88)

(86) ( )錄 (87) ( )志 (88) 虛( )

8 다음 漢字語와 讀音은 같으나 뜻이 다른 漢字語를 쓰시오.(同音異義語).(89~91)

(89) 公課 ― (   ) : 공로와 과실.

(90) 力士 ― (   ) : 인간 사회가 거쳐 온 변천의 모습, 또는
그 기록.

(91) 首相 ― (   ) : 상을 받음.

9 다음 漢字의 부수를 쓰시오.(92~94)

(92) 序   (93) 努   (94) 敬

10 다음 漢字의 略字(약자)를 쓰시오.(95~97)

(95) 區   (96) 舊   (97) 賣

11 다음 漢字語의 뜻을 쓰시오.(98~100)

(98) 良書

(99) 得失

(100) 容器

5

1 다음 漢字語의 讀音을 쓰시오.(1~35)

(1) 産災	(2) 減員	(3) 最終	(4) 不過	(5) 可望
(6) 會費	(7) 暴惡	(8) 試驗	(9) 定價	(10) 授受
(11) 景觀	(12) 經歷	(13) 確認	(14) 賣出	(15) 修身
(16) 殺到	(17) 熱氣	(18) 報告	(19) 統一	(20) 創造
(21) 筆順	(22) 背恩	(23) 謝禮	(24) 應用	(25) 打者
(26) 輕視	(27) 除去	(28) 精神	(29) 題材	(30) 政黨
(31) 尊敬	(32) 復元	(33) 省察	(34) 和解	(35) 寫眞

2 다음 문장에서 밑줄 친 漢字語를 漢字로 쓰시오.(36~46)

(36) 자연계에는 일정한 법칙이 있다.

(37) 민화 가운데는 동물을 소재로 한 것이 많다.

(38) 다른 사람이 하는 일을 방해하는 것은 좋지 않다.

(39) 건전한 소비 생활은 절약에 못지 않게 중요하다.

(40) 우리의 원양 어선은 멀리 태평양까지 나간다.

(41) 원료를 가공하여 제품을 만든다.

(42) 곤충도 기억하는 힘이 있다.

(43) 수출을 증대하기 위해서는 우선 품질이 좋은 상품을 만들어야 한다.

(44) 오리들이 호수에서 놀고 있다.

(45) 국가의 경쟁력을 키우기 위해서는 끊임없는 기술 개발이 필요하다.

(46) 인간은 종교, 인종, 성별의 구별 없이 모두 평등하다.

3 다음 漢字語를 漢字로 쓰시오.(47~55)

(47) 요건(요긴한 일이나 조건)

(48) 재현(다시 나타남)

(49) 타국(다른 나라)

(50) 공기(공사하는 기간)

(51) 완결(완전하게 끝맺음)

(52) 축가(축하하는 뜻으로 부르는 노래)

(53) 서점(책을 팔거나 사는 가게)

(54) 문책(일의 책임을 물어 꾸짖음)

(55) 매입(사들임)

4 다음 漢字의 訓과 音을 쓰시오.(56~77)

(56) 街	(57) 格	(58) 論	(59) 稅	(60) 競
(61) 引	(62) 位	(63) 侵	(64) 包	(65) 炭
(66) 障	(67) 申	(68) 悲	(69) 領	(70) 毒
(71) 起	(72) 味	(73) 己	(74) 聖	(75) 移
(76) 赤	(77) 波			

5 다음 (   )에 알맞은 漢字를 써서 漢字語를 완성하시오.(78~82)

(78) 實(   )求是 : 사실에 토대하여 진리를 탐구함.

(79) 溫故(   )新 : 옛것을 익혀 거기서 새로운 지식이나 도리를
　　　　　　　　　　발견함.

(80) 死生(   )斷 : 죽음과 삶을 무릅쓰고 결정을 내림.

(81) 至誠(   )天 : 지극한 정성에 하늘이 감동함.

(82) 四(   )五達 : 길이나 교통망 등이 사방으로 막힘 없이 통함.

6 다음 漢字와 반대 또는 상대되는 漢字를 (   )에 넣어 漢字語를 만드
시오.(83~85)

(83) (   ) ↔ 末　　　　(84) (   ) ↔ 罰　　　　(85) 登 ↔ (   )

7 다음 漢字와 뜻이 같거나 비슷한 漢字를 (   )에 넣어 漢字語를 만드
시오.(86~88)

(86) (   )備　　　　(87) (   )想　　　　(88) 增(   )

8 다음 漢字語와 讀音은 같으나 뜻이 다른 漢字語를 쓰시오.(同音異義語).(89~91)

(89) 醫師 — (　　　　　) : 나라와 민족을 위해 의로운 행동으로 목숨을 바친 사람.

(90) 防寒 — (　　　　　) : 한국을 방문함.

(91) 傳承 — (　　　　　) : 한 번도 지지 않고 모조리 이김.

9 다음 漢字의 부수를 쓰시오.(92~94)

(92) 束　　　　　　(93) 當　　　　　　(94) 狀

10 다음 漢字의 略字(약자)를 쓰시오.(95~97)

(95) 獨　　　　　　(96) 擧　　　　　　(97) 號

11 다음 漢字語의 뜻을 쓰시오.(98~100)

(98) 宿所

(99) 前進

(100) 高低

정답

	1회				
1	과거	27	상품	54	告白
2	흥미	28	통계	55	筆談
3	시인	29	지출	56	비롯할 창
4	건물	30	사상	57	고칠 개
5	연구	31	교사	58	은혜 은
6	액체	32	소재	59	따뜻할 난
7	곡직	33	전원	60	생각 념
8	관심	34	과정	61	얻을 득
9	관광	35	차원	62	바탕 질
10	풍년	36	責任	63	항구 항
11	공중	37	祝歌	64	콩 두
12	규칙	38	領土	65	별 성
13	기지	39	期待	66	벼슬 관
14	단순	40	奉仕	67	아닐 비
15	방송	41	歲月	68	찾을 방
16	냉온	42	敬禮	69	낳을 산
17	유수	43	方法	70	베풀 설
18	음성	44	決定	71	볼 시
19	안목	45	藥局	72	풍속 속
20	강건	46	選擧	73	밭 전
21	행복	47	油價	74	구슬 옥
22	비용	48	合格	75	생각할 고
23	정확	49	貴重	76	씻을 세
24	시행	50	氷河	77	가게 점
25	가로	51	善意	78	死
26	정밀	52	見聞	79	友
		53	雪景	80	明

81	食	6	청결	33	견해
82	牛	7	살생	34	공직
83	有	8	조선	35	소식
84	主	9	만세	36	明朗
85	終, 末	10	발전	37	失望
86	言	11	확언	38	友愛
87	洋	12	상벌	39	院長
88	衣	13	철로	40	着用
89	記事	14	전원	41	能力
90	口傳	15	항구	42	書店
91	失手	16	필요	43	操心
92	口	17	순행	44	完成
93	貝	18	응답	45	性品
94	辶(辵)	19	기술	46	民族
95	会	20	정보	47	輕重
96	広	21	태도	48	高價
97	当	22	비리	49	他意
98	가고 오고 함.	23	금연	50	財物
99	기분이 좋고 즐거움.	24	구체	51	商船
100	분별하여 알아봄.	25	결극	52	寒氣
		26	인상	53	決定
	2회	27	주격	54	一切
1	기록	28	공상	55	強化
2	회의	29	봉사	56	조사할 사
3	진퇴	30	담당	57	피 혈
4	제시	31	부귀	58	며느리 부
5	법규	32	가요	59	검사할 검

번호	답	번호	답	번호	답
60	넓을 광	87	止	12	문화
61	가늘 세	88	談	13	위성
62	덜 감	89	加算	14	대가
63	마칠 종	90	始祖	15	철판
64	보낼 송	91	事故	16	기사
65	처음 초	92	田	17	측량
66	고기 육	93	尸	18	상쇄
67	풍년 풍	94	木	19	광고
68	양 양	95	參	20	형태
69	섬 도	96	伝	21	수입
70	착할 선	97	実	22	전선
71	절 사	98	나누어 줌.	23	가능
72	어두울 암	99	절약해 모아 둠.	24	보안
73	지을 조	100	지은 지 오래된 집.	25	관찰
74	흐를 류			26	협조
75	청할 청	**3회**		27	여객
76	경사 경	1	상가	28	청소
77	충성 충	2	흥망	29	신라
78	可	3	방문	30	의사
79	識	4	관계	31	사건
80	良	5	성질	32	진보
81	兄	6	정치	33	과세
82	無	7	건설	34	경향
83	曲	8	법칙	35	내용
84	本, 始	9	제한	36	鮮明
85	溫	10	한해	37	最高
86	考, 想	11	통화	38	到着

39	財物	66	패흘 패	93	頁
40	溫情	67	일쯔 조	94	皿
41	展示	68	좋을 호	95	体
42	幸福	69	뜻 지	96	写, 寫
43	過速	70	허락할 허	97	団
44	貯水	71	말 두	98	음과 양.
45	首席	72	그릇 기	99	대적할 상대가 없을
46	光景	73	소리 성		정도로 아주 셈.
47	終末	74	터럭 모	100	어린아이를 기름.
48	加工	75	더할 익		
49	年歲	76	곳 처		**4회**
50	調和	77	허물 죄	1	당번
51	自他	78	見	2	단독
52	對決	79	傳	3	개명
53	生産	80	馬	4	정부
54	果實	81	賞	5	재료
55	始初	82	擧	6	창법
56	벌레 충	83	海	7	감사
57	헤아릴 료	84	吉	8	특효
58	예 구	85	買	9	탁견
59	장수 장/장차 장	86	目	10	염원
60	받들 봉	87	歌	11	보호
61	맛 미	88	空	12	조작
62	무리 대	89	警備	13	역경
63	잎 엽	90	假定	14	거행
64	벌릴 렬	91	社員	15	절단
65	낮을 저	92	牛	16	설화

17	장관	44	必要	71	두 재 / 다시 재
18	부활	45	定着	72	부처 불
19	절전	46	案內	73	고울 려
20	풍부	47	歌曲	74	어질 현
21	단체	48	夜景	75	시험 험
22	경축	49	社告	76	기를 양
23	감사	50	所望	77	쇠 철
24	권세	51	原價	78	風
25	결석	52	分類	79	結
26	조기	53	多福	80	石
27	증감	54	貴族	81	無
28	감독	55	洗面	82	口
29	군대	56	제사 제	83	害
30	사원	57	기약할 기	84	敗
31	축성	58	웃음 소	85	善
32	군수	59	풍속 속	86	記
33	동요	60	다리 교	87	意
34	인도	61	칠 벌	88	空
35	규제	62	구할 구	89	功過
36	充實	63	견줄 비	90	歷史
37	參加	64	머무를 류	91	受賞
38	消費	65	살필 찰	92	广
39	商品	66	이 치	93	力
40	性質	67	익힐 련	94	夊(女)
41	最近	68	향기 향	95	区
42	責任	69	물러날 퇴	96	旧
43	流水	70	가리킬 지	97	売

98	좋은 책.	21	필순	48	再現
99	이익과 손해를 아울러 이르는 말.	22	버은	49	他國
		23	사례	50	工期
100	물건을 담는 그릇.	24	응용	51	完結
		25	타자	52	祝歌
		26	경시	53	書店
	5회	27	제거	54	問責
1	산재	28	정신	55	買入
2	감원	29	저재	56	거리 가
3	최종	30	정당	57	격식 격
4	불과	31	존경	58	논할 론
5	가망	32	복원	59	세금 세
6	회비	33	성찰	60	다툴 경
7	포악	34	화해	61	끌 인
8	시험	35	사진	62	자리 위
9	정가	36	法則	63	침노할 침
10	수수	37	民畫	64	쌀 포
11	경관	38	妨害	65	숯 탄
12	경력	39	節約	66	막을 장
13	확인	40	漁船	67	알릴 신 / 납 신
14	매출	41	原料	68	슬플 비
15	수신	42	記憶	69	거느릴 령
16	쇄도	43	品質	70	독 독
17	열기	44	湖水	71	일어날 기
18	보고	45	技術	72	맛 미
19	통일	46	性別	73	몸 기
20	창조	47	要件	74	성인 성

번호	정답				
75	옮길 이				
76	붉을 적				
77	물결 파				
78	事				
79	知				
80	決				
81	感				
82	通				
83	始, 本				
84	賞				
85	落				
86	具				
87	思				
88	加				
89	義士				
90	訪韓				
91	全勝				
92	木				
93	田				
94	犬				
95	独				
96	挙				
97	号				
98	집을 떠난 사람이 임시로 묵는 곳.				
99	앞으로 나아감.				
100	높고 낮음.				

쓰면서 익히는

한자능력검정시험 4급 II

엮은이 편집부
펴낸이 박해성
펴낸곳 정진출판사

초판 1쇄 발행 2005년 9월 10일
    2쇄 발행 2007년 12월 10일

주소 서울특별시 성북구 하월곡동 10-6호
전화 (02) 917-9900
Fax (02) 917-9907
E-mail JJ1461@chollian.net
Homepage www.jeongjinpub.co.kr
등록일 1989.12.20
등록번호 제6-95호
ISBN 89-5700-036-4

정가 4,500원

21세기 1800한자 펜글씨 교본

[이상남 著/4×6배판 176면]
정가 : 5,000원

- 교육부 지정 기초한자 1,800자를 4자숙어와 고사성어도 엮어 가나다순으로 배열하고 각각의 음과 훈, 부수와 획수, 필순을 밝혀 그 뜻을 풀이해 주었다.

- 두 페이지마다 고사성어의 유래를 밝혀 놓았다. 이 고사성어를 재미있고 유효 적절하게 응용해 보면, 늘 화제가 풍부하며 유머러스한 생활을 즐기게 될 것이다.

- 매 페이지마다 하단에 중국의 4서인 『논어』『맹자』『대학』『중용』과 『명심보감』 등에서 좋은 문장을 골라 해설해 놓음으로써 한자 문장의 이해를 돕게 해 주었다. 그리고 더 풍부한 한자의 응용을 위해 반대 · 상대의 뜻을 가진 한자, 둘 이상의 음을 가진 한자, 모양이 비슷한 한자, 잘못 읽기 쉬운 한자 등을 수록해 놓았다.

- 권말에 '이력서', '자기소개서' 등 각종 서식을 실어 실생활에서 효과적으로 활용할 수 있도록 하였다.

21세기 펜글씨 시리즈로, 고사성어 · 천자문 · 한글 펜글씨도 있습니다.

이야기 1편과 그림 1장으로 1800한자 끝

[최재익 著/4×6배판 280면]
정가 : 10,000원

- 이야기를 읽기만 하면 字의 뜻이 저절로 익혀진다.

- 음을 외우면 그림과 이야기가 연상되어 한 장면의 字를 저절로 익힐 수 있다.(음과 뜻)

- 의미가 있는 철자(자소 · 자모)를 읽기만 하면 字를 한글처럼 저절로 쓸 수 있고 필순도 익힐 수 있다.

- 뜻이 유사한 자들을 함께 묶어 의미의 변별을 보다 명확히 할 수 있게 하고 학습의 효과를 더욱 높일 수 있게 꾸몄다.

- 이 단계가 지나면 압축자료로 된 한 장의 그림과 한 편의 이야기로 책 전체의 字를 연상하고 외울 수 있다.

- 후속 학습 시 새로 익힌 字들이 기본의 틀(부수별, 가나다순, 의미별)에 정리되어 이 책 한 권으로 한자 학습을 끝낼 수 있다.

중국사로 풀어본 고사성어

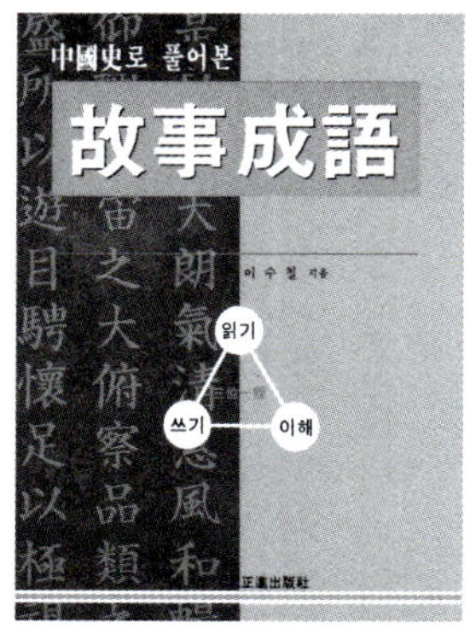

[이수철 著/4×6배판 184면]
정가 : 5,500원

이 책은 다양한 고전에 수록되어 있는 인간의 욕망과 사회의 갈등 그리고 거대한 역사의 수레바퀴를 움직이는 힘에 대해 생각해 보면서, 역사의 소용돌이 속에서 생겨난 고사성어를 살펴보고 한자(漢字)까지도 같이 익히면 더욱 좋겠다는 바람 속에 쓰여진 책이다. 이야기를 통해서 쉽게 고사성어를 습득할 수 있어, 한자를 익히는 데에 어려움을 느끼는 여러 학습자들에게 보다 효율적인 학습서라 생각된다. 또한 생활에 교훈을 주는 격언이나, 속담에 관계되는 사자성어(四字成語)들도 선정하여 실었다. 또한 부록으로 실린 '한숨에 읽는 중국사'는 사자성어와 더불어 중국에 대한 대략의 이해를 하는 데 도움이 될 것이다.

漢字로 풀어본 수학·과학 학습용어사전

[박희 編著/신국판 472면]
정가 : 12,500원

고등학교 한문교사이자 문학박사인 저자가 중·고등학생들이 수학·과학을 공부하면서 겪는 어려움을 덜어 주기 위해 펴낸 책이다.
우리 나라의 학술용어나 일상의 생활용어는 거의 대부분이 한자에서 파생되어진 것이다. 우리 국어 생활에서 한자에 대한 개념 파악과 상용한자를 제대로 알지 못한다면 우리의 국어 생활에는 막대한 지장을 초래하게 된다. 이러한 가운데 저자는 학생들이 배우고 있는 수학·과학의 용어가 80% 가까이 한자어임을 알고 놀라지 않을 수 없었다. 일선 학교에서 한자 교육은 방치되어 있고 학습 현장의 용어는 한자어로 되어 있다면 학생들의 학습에 큰 곤란이 생길 것이다. 저자는 이러한 학생들에게 학습의 도움을 주기 위해 중·고등학교 교과서에 나오는 3,000개가 넘는 수학·과학의 학술 용어를 한글, 한자와 함께 병기하고 한자의 음과 훈, 영어 표기와 함께 그 뜻을 풀이해 놓음으로써 용어 따로 외우고 뜻을 따로 외우는 단순 암기식의 공부 방법을 탈피하도록 하였다.